文春文庫

危機の宰相

沢木耕太郎

文藝春秋

目次

危機の宰相

「今、日本人はどう考えているかわからないが、将来の歴史家は池田内閣の時代を〝黄金時代〟と言うかもしれないよ」と皮肉なイギリス人の友達が私に語ったのは、東京オリンピックの少し前だった。私はこの言葉を奇妙と思い、彼の皮肉にあきれる思いがしたが、しかしそれは耳にこびりついた。

高坂正堯『宰相吉田茂』

序章

ささやかな発端

私が何歳頃から新聞を読むようになったかはっきりとは覚えていない。

ただ、ひとつだけ鮮やかな印象として残っているのは、売春防止法の成立についてである。翌朝の新聞の一面に大きな見出しで「売春防止法成立」とあり、その「売春」ということの意味がわからなかった私は父に訊《たず》ねた。

「売春って、何なの？」

いつでも、そしてどんなことにも、私の質問にはていねいに答えてくれていた父が、そのときだけはどう説明していいものか迷い、口ごもった。その瞬間、私は子供に訊ねられると困ることなのだなと察知し、自分から話題を変えたという記憶があるのだ。

売春防止法が成立したのは一九五六年の五月二十一日、私が小学三年生のときのことである。だから、この頃から新聞は少なくとも見出しくらいは眺めていたのかもしれないということになる。やがて、野球に興味を覚えるようになった私は、新聞のスポーツ欄を熱心に読むようになっていった。しかし、それ以外の欄を読んでいたという記憶はあまりない。

ところが、一九六〇年のある日から、はっきりと社会的なものに覚醒した。いまでもはっきりと覚えているが、それは「反安保闘争」がピークを迎えた六月のことだった。衆議院で強行採決されたあと、参議院での審議が尽くされないまま時間切れとなり、六月十九日の午前零《れい》時に「自然承認」されることになった。

その日の朝刊には、特大級の太く黒い見出しに、白抜きの活字が鮮やかに浮かんでいた。

「午前零時、自然承認」

私には、そのときから、さまざまな社会的な事件や動きがはっきりと頭の中で組み立てられるようになったような気がする。

だからといって、「反安保闘争」が私の政治意識を目覚めさせたというのではない。私の中学校の教師たちもデモに参加していたが、それはそれだけのこととして冷静に受け止めていたように思う。東京に住んでいた私の周囲の生活圏では、「反安保」の激しいうねりとは別に、いつもと大して変わらない日常が流れていたからだ。ただ、六月十日の羽田空港や六月十五日の国会議事堂で、警官隊と激しく衝突した学生たちのニュース映像にはかなり強い印象を受けた。そして、その日の「午前零時」に「自然承認」されたという見出しを見て、あの人たちは「負けたのだな」と思った。それが社会的にどのような意味を持つかわからないままに、何かの目的のために闘っていた若い人たちが負けてしまったらしいということが、とてもかわいそうなことのように思えたのだ。自分の暮らしている近くで、何かの「闘い」が行われ、その日の深夜に決着がついたらしい……。

私のどこかにスイッチが入ったのは、新安保条約が自然承認された一九六〇年六月十九日ということになる。

その年の六月を境にして変化したのは私だけではなかった。日本の社会全体が大きく変わっていったという印象がある。潮が引くように何かが去っていったという感じを受けていたのだ。

どうして変わってしまったのか。それについて、やがて私はぼんやりとしたイメージを持つことになった。状況を劇的に変化させたのは経済の高度成長であったのだろうと。そして、それをもたらすことになったのが池田内閣の所得倍増政策であり、それを支えたのがブレーンの下村治《しもむらおさむ》なのであろうと。

こうした理解の仕方は私だけのものではなく、現在まで続く日本人のごく一般的な見方であったはずだ。

私は、大学では経済学部に籍を置き、カール・マルクスの『資本論』の第一巻を一年かけて講読するというようなゼミナールで勉強をしていた。それと同時に、一九七〇年代を迎えようとしていた日本経済の現状についても学ばなくてはならなかったが、一九六〇年代の経済状況については、なんとなく抱いていた「ぼんやりとしたイメージ」以上に突っ込んで学び直そうというほどの関心は持たなかった。

大学を卒業し、フリーランスのライターになってからは、徐々に経済学に関する書物から遠ざかってしまった。『資本論』はもちろんのこと、『日本経済論』といったような著作まで縁が遠くなっていった。

ところが、一九七四年に一年ほど日本を離れたあとで一九七五年の春に帰ってくると、それを聞きつけた出版社からアルバイトのような仕事の依頼が舞い込んできた。ちょうどそれは春闘の時期だった。春闘を巡って鋭く対立している労働側と経営側、それに研究者の意見を聞くインタヴューをしてくれないかというのだ。かつて私が経済学部に籍を置いていたということを記憶してくれていた編集者の、ほんのちょっとした気まぐれだったのだろう。しかし、その気まぐれは、私にとって実に大きなものをもたらしてくれることになった。もちろん、そのときはどんなところに導かれていくのかも知らず、私はごく軽い気持で引き受けた。とにかく、日本に帰ったばかりで何もすることがなかったのだ。

編集部がインタヴューをする相手として選んだのは、労働側として元総評議長の太田《おおた》薫、経営側として日本開発銀行の理事を辞め経済評論家という肩書になっていた下村治、研究者として専修大学教授の正村公宏《まさむらきみひろ》の三人だった。

この人選は悪くないと私にも思えた。太田薫《かおる》は永く総評議長として労働運動の先頭に立っていた。その九年前に総評議長を退き、顧問という肩書となっていたが、依然として出身母体である合化労連の委員長職にはとどまっていた。下村治は経営者ではなかったが、「ゼロ成長」下におけるベースアップの棚上げを提言していた。そして正村公宏には、マルクス経済学から出発しながら日本経済の現実的な分析もできるという柔軟さがあった。私は学生時代、正村公宏が「展望」や「現代の理論」に書く論文を読み、ある種の親近感を抱いていた。

私は一年ほど日本にいなかったため、激変する世界経済の動きも、日本経済の流れも正確には摑《つか》めていなかった。そこで、付け焼き刃の勉強をしてインタヴューに備えることにした。

そうした泥縄式の勉強によると、当時の日本経済の状況というのは、次のようなものだった。

一九七三年十月、第四次中東戦争を契機として「オイル・ショック」が起きる。原油価格の高騰によって世界的にインフレーションが昂進するが、とりわけ日本では、一時的な「物不足」からパニックに襲われた国民が「買いだめ」に走るという特殊な消費行動が起き、いわゆる「狂乱物価」が引き起こされることになった。その結果、一九七三年度の卸売物価は前年と比べ二十二パーセントを超える高騰率を示し、消費者物価の上昇率も十六パーセントを超えた。この「狂乱物価」は一九七四年度に入っても収まらず、二月には卸売物価で前年同月比において三十七・一パーセント、消費者物価でも二十四・九パーセントもの上昇を見た。

それを背景とした一九七四年の春闘は、史上最高の平均三十二・八パーセントの賃上げ率で妥結することになる。そこに、物価抑制のための総需要抑制策が実施され、一気に景気は冷え込んだ。高度成長時代に突入してから初めて民間の設備投資額がマイナスになり、この年の実質経済成長率は〇・七パーセントのマイナスになった。

このような状況下に一九七五年の春闘を迎えたのだ。

問題は、一九七四年の春闘における三十二・八パーセントという高率の賃上げが、一九七三年からの激しい物価上昇分を取り込んだものなのか、あるいは一九七四年度の経済成長を先取りしたものなのか、というところにあった。もし、前者なら、少なくとも一九七四年の消費者物価の上昇率である十・四パーセントは賃上げが必要ということになり、後者なら、マイナス成長であった以上、すでに過大な賃上げが行なわれており、今年度の賃上げは必要ないということになる。

しかし、労働側は二十五パーセントから三十パーセントの賃上げを要求し、経営側は十五パーセント以下に抑えるという異例の「ガイドライン」を設けた。それは、政府の総需要抑制策が堅持される中での大きな賃上げは経営の基盤を崩しかねない、という危機感の現れでもあった。

そこにおいて一九七五年度の春闘が、今後の日本経済を左右しかねない重要な意味を持つとされることになったのだ。

私はまず太田薫に会い、次に正村公宏に会い、下村治には三番目に会いに行った。それは、私のどこかに下村治への敵対心があり、あらかじめ太田薫と正村公宏の意見を聞き、あるていどの理論武装してから話を聞こうという「戦略」のようなものがあったからだ。

下村治の個人事務所は東京プリンスホテル内の五百六十三号室にあった。

ノックをして部屋に入ると、有能そうな女性秘書がいて、奥の間に通してくれた。絨《じゅう》毯《たん》がふかふかなのが印象的だったが、そこには大きいがきちんと整理されている机の前に端然と座った銀縁眼鏡の男がいた。

私は気圧《けお》されながら、それでも精一杯の虚勢を張ってインタヴューを開始した。

「現在のインフレーションをいかに克服するかについて説明していただけますか」

私が質問すると、下村治はにこりともしないで答えた。

「最初にはっきりさせる必要のあることは、いまはインフレではないということです。物価は上がっていないじゃないですか。物価が沈静して、どうしてインフレといえるか、ということです」

「しかし、去年の物価上昇率は……」

「ここ半年、日本経済はインフレでない状態に入りました。これを出発点にして議論しないといけませんね。そして、この状態を定着させようじゃないか、ここから物価騰貴がスパートするような条件を作らないようにしようじゃないか、といわなければならないんですよ」

「では、現在は物価と賃金は均衡しているというのですか」

「やや無理に押し付けたかたちですけれども、均衡に近い状態にあるというべきでしょう」

「すると、ベースアップは一時的に凍結すべきだと……」

「そうですよ、いまの物価がインフレでない、沈静状態にある。そこでこれを定着しなきゃならんというときに、賃金を上げてどうしてそれができるか、と考えればいいんです」

「しかし、一方では、たとえば労働者にとっては、いま自分たちの生活は苦しいんだからとにかく賃上げの方が先だという論理が出てきて、それがすべてを圧倒してしまう可能性がありますよね」

「それではインフレになるだけだ、というのが経済の現実であり原理です。それでは生活はよくならない」

「ということは、現在のようなマイナス成長から若干の成長が見込まれるようになった段階で実質賃金を上げろということですか」

「実質賃金の上昇はいろいろな姿を取り得るけど、インフレのないかたちでそれを実現するというのが、国民全体の希望なんでしょう。ならば、生産性が上がっただけしか賃金は上げられない。生産性が三パーセント上がったら、賃金も三パーセントのベースアップ、ゼロならゼロというのが経済原則であるべきです」

「大企業の労働者は物価と賃金は均衡しているからベースアップは凍結ということで納得させられるにしても、組織力によってまったく守られていない部分は物価上昇に対して無力なわけですよね。こういう弱者の救済についてはどうお考えですか」

「それはいまに始まった問題じゃない。五十年前、百年前からある問題だと思う。なぜ解決されないかというと、人間が愚かであり、手前勝手だからです」

「…………」

すべてに関して、このようにあしらわれてしまった。よく切れる刀でスパッと切り捨てられたという感じだった。

私は打ちのめされるような思いで部屋を出た。どこかに通じるトンネルを掘ろうとして、大きく厚い岩盤に跳ね返されたというような気がした。インタヴューをする者として、初めて「大人」らしい「大人」とぶつかり、弾き飛ばされてしまったというような気もした。

しかし、不思議と不愉快ではなかった。私は下村治という人物に惹《ひ》かれるものを覚えていたのだ。下村治には他人にどう思われようとかまわないという思い切りがあった。それはなんらかの強固な信念があるからのようだった。信念。それは政府とか企業とかの代弁者としてのものではない「何か」であるように感じられた。

私は、そのインタヴューの原稿をまとめて提出してから、その「何か」を確かめるべく下村治の著作をゆっくりと読みはじめた。それはやがて「所得倍増」という言葉への関心となっていった。自明のものとしてまったく疑問に思いもしなかった「所得倍増」という言葉には、いくつもの謎が潜んでいた。

そしてあるとき、下村治のエッセイを通して田村敏雄という存在にぶつかったのだ。これが「所得倍増」を解き明かす鍵になる人物だと気がついたとき、私はいくらか興奮したと思う。他のどんな書物にも、「所得倍増」との関連において田村敏雄という人物を取り上げている文章はなかった。

やがて、私は「所得倍増」という言葉をめぐる池田勇人《はやと》と下村治と田村敏雄の三人の人生を描いてみようと思うようになった。

一九七六年から七七年にかけて、私は政治家、経済学者、官僚、経済人、ジャーナリストをはじめとする多くの人と会い、膨大な時間を費やしてインタヴューを重ねた。「所得倍増」とは何だったのか、あなたはそれとどのような関わりを持ったのか、と。

そこで得られた証言と新聞の縮刷版を主体とした資料を突き合わせ、私はしだいに「所得倍増」についての明確なイメージを持つことができるようになっていった。そして、一九七七年の五月、ノートの一頁目に次のような一行を大きく書き記すところから、この『危機の宰相《さいしょう》』の執筆を開始したのだ。

〈蜜月《みつげつ》〉の時代は終わった。

それは、いま、私たちは「所得倍増」によって導かれた蜜月の時代の終わりに立ち会っている、という時代認識から発した言葉だった。

第一章

黄金時代

1

一九五〇年代の終り近くになって、アメリカでは盛んに「ゴールデン・シクスティーズ」という言葉が用いられるようになった。五〇年代の次に来る十年間に、アメリカの社会はかつて人類が経験したこともないほど豊かな時代、つまり「黄金の六〇年代」を迎えるだろうというのである。

アメリカの一九五〇年代は現状肯定の気分が横溢《おういつ》していた。東西両陣営による冷戦は続いていたが国際的な緊張はいくらか和《やわ》らげられていたし、第二次世界大戦後の世界経済の牽引車《けんいんしゃ》であったアメリカ経済は五〇年代を通じてほぼ好況を維持できていた。少なくともアメリカは、これから先も「豊かな社会」の道を歩みつづけるものと思われていた。充足し、平穏だった五〇年代の次は、さらにすばらしい時代が到来するのではないか……。

戦後育ちの世代のひとりであるトッド・ギトリンは、『60年代アメリカ』という書物の中で、少年時代を過ごした五〇年代について次のように述べている。

《五〇年代に盛んに用いられた「豊かさ」を表す「アフルエンス」は、語源的に「流れる」「溢れる」「充満」等の意味を内包する。この言葉はジョン・ケネス・ガルブレイスがかのベストセラー『豊かな社会』を一九五八年に発表した時は既に使われていて、リッチという言葉がプアという反対語との連想で不平等を想起させる非情なひびきをもつのに対して、それが適当にやわらげられている点、いかにもアメリカ的な言葉であった。「アフルエンス」は普遍的なひろがりをもって五〇年代のアメリカ全体の状況を表していると考えられた。実際に「アフルエンス」は、長い間物質的生産と獲得を中心的な活動としてきた社会におけるれっきとした経済的心理的事実であった》

ガルブレイスの『豊かな社会』は、原題を『ジ・アフルエント・ソサエティー』というのだ。アフルエントはアフルエンスの形容詞である。アフルエンス、豊かさはアメリカの代名詞であり、世界の多くの国の人びとは、その豊かさの一部でも手に入れたいと思うようになっていた。

やがて、アメリカの第三十五代の大統領となるジョン・フィッツジェラルド・ケネディは、こう述べることになる。

「われわれは一九六〇年代において、われわれの生存にとって、もっとも挑戦的な、もっともダイナミックな、もっとも革命的な時代に入っていこうとしている」

一九五九年（昭和三十四年）の十二月、当時日本の通産大臣だった池田勇人は、おそらくこうしたアメリカにおける状況を念頭に置いてであろう、次のように述べている。

「一九六〇年代は、人それぞれに主義主張の相違はありましょうとも、必ずや黄金時代となりましょう」

そして一九六〇年一月一日の朝日新聞にも、よき時代への予感をはらんだ次のような文章が社説として掲げられていた。

《いま一九六〇年の第一日に立ってみると、率直にいって、ここ両三年の間にはかつて見られなかったほどの、おだやかな光が、われわれにふりそそいでいるのが感じられる。これはただ、今の瞬間だけのもので、やがて過ぎゆく現象であろうか。それともわれわれは、いま夜あけ前の薄明に面しているのであろうか》

しかし、時代は「黄金時代」に向かって、必ずしも円滑に、直線的に進んで行ったわけではなかった。それどころか、アメリカは「安定の五〇年代」から「激動の六〇年代」を迎えることになったし、日本においても、早くも一九六〇年の半ばには日米安全保障条約の改定をめぐり政治的に大きな危機が訪れる。一月一日の朝日新聞に希望に満ちた社説を書いたのは論説主幹の笠信太郎《りゅうしんたろう》だったが、その笠が、半年後には「国会の危機を救え」、「デモの行き過ぎを警戒せよ」、「岸内閣に再び即刻の総辞職を求める」といった危機感あふれる社説を書かざるをえなくなったのだ。

だが、その「六〇年安保」の激動の日々においては、広範な層による「安保反対」の抗議行動が政治的潮流を変えるかもしれないと考えた「反体制」の側より、その大きなうねりを眼の前にした「体制」の側の危機感の方がはるかに大きく深刻だった。革命の幻影を見たのは、むしろ「体制」の側だった。

六月、騒然たる情勢の中、総理大臣の岸信介《きしのぶすけ》は、何重にもデモ隊に取り囲まれた南平《なんぺい》台《だい》の私邸で、その幻影をふり払うために、防衛庁長官赤城《あかぎ》宗徳《むねのり》を呼びつける。自衛隊の出動を要請するためであった。しかし、同じ日本人同士を闘わせ、血を流させるわけにはいかない、という赤城の頑強な拒否により、最悪の事態が回避される。

仮に、ここで自衛隊が出動していれば、その後の政治状況は決定的に違ったものになっていただろう。おそらく保守政権の寿命を大幅に縮めていたはずである。その意味で、赤城の「諾否《だくひ》」は六〇年代の保守にとってひとつの岐路だったといえる。

岸内閣が退陣し、池田内閣が成立した七月十九日の時点でも、日本の「危機」が完全に去ったわけではなかった。それは日本の外からの眼で見るとき、とりわけ際立って映ったに違いない。ブリティッシュ・コロンビア大学教授のフランク・C・ラングドンは、『戦後の日本外交』という書物の中で、《日本にとって一九六〇年（昭和三十五年）は、終戦以来最大の危機におちいった年であった》とまで書いている。

《池田が首相に就任した時、果さねばならぬ課題は、おそろしく難かしく、実現不可能とすら思われた》

しかし、反安保闘争によって昂揚《こうよう》した「反体制」、少なくとも「反政府」のエネルギーは、池田内閣のさまざまな施策の前に、なしくずし的に拡散していってしまう。反安保の闘争がもっとも激しかった六月から、まだ半年ほどしか経《た》っていないその年の十二月、体制に批判的な市民主義の、その理論的支柱のひとりと目されていた法政大学助教授の松下圭一は、「朝日ジャーナル」に発表した「安保直後の政治状況」という論文において、ある種の無念さを込めて次のように書かざるをえなかった。池田内閣は《安保から経済成長へと完全に政治気流のチェンジ・オブ・ペースをやってのけたかのごとき観》がある、と。

2

池田勇人が総理大臣の地位にあったのは、一九六〇年七月から一九六四年十一月までの四年間である。「六〇年安保」から「東京オリンピック」までが池田勇人の時代だった。それは戦後の保守政権のもとでのもっとも安定した千五百日だったといえるかもしれない。

だが、新安保条約の批准をめぐる深刻な国内的対立と混乱の中で、岸政権の後を受け継ぐ者として池田が最適だとすべての人が考えたわけではなかった。たとえば、自民党の長老的な存在であり、読売新聞の社主でもあった正力《しょうりき》松太郎は、「この混乱のさなかに強気一点張りの池田氏に果して時局の収拾ができるかどうか」と危惧《きぐ》したし、池田側近の大平正芳《おおひらまさよし》ですら「こんどはやり過ごしたほうがいい。あなたは保守の本命だから、こんな時期に傷がついてはいけない。いったん石井なり誰かになってもらって、少し情勢が静まってから出たらどうですか」と諌《いさ》めた。

連日「反安保」のデモと「岸の次」をめぐる思惑とで永田町が激震を続けているさなかのある日、やはり池田側近のひとりであった宮沢喜一は、朝日新聞の笠信太郎に「社まで来てくれないか」と呼びつけられる。当時、笠は朝日の論説主幹としての使命感に燃える、熱っぽい調子の社説を自ら書いていた。宮沢が有楽町の朝日新聞社に出向くと、笠はこう切り出した。

「いよいよ総裁選だ。このように社会が荒れたあとは、治者と被治者といった対立をなくすことが必要だと思う。池田さんのような荒武者は、仕事はできるかもしれないが、対立を深めるおそれがある。少々仕事はできなくてもいいから、性格の穏健な人に総裁を譲ってくれないだろうか」

宮沢には返事のしようがなかった。笠に意中の人物がいることはわかっていた。社説でも「せめて今度のような機会にこそ、識見と品位ある政治家」を総裁にすべきだと主張していたからだ。それは確かに正論である。しかしそのような人物が果して笠の意中の政治家、朝日新聞出身の石井光次郎《みつじろう》であるのかどうかは、宮沢にも異論があった。だが、あくまでも宮沢は池田の使いとして来ていた。黙って聞くよりほかになかった。笠は最後にこういった。

「やはりここのところは石井さんでいくのがいいと私は思います。そのように笠がいっていたと池田さんに伝えてもらいたい」

これに対し宮沢は、

「反論はあるが、ここは議論する場ではないと思う。しかし、友人としてのお言葉は伝えます」

とだけいって笠のもとを辞した。

この笠の行動には、池田や宮沢とのある程度の「親しい関係」を考慮に入れてもなお、それを大きく逸脱する言論人としての「越権行為」といった印象を与えるものが含まれている。

池田は常に人の話に耳を傾けたという。

「あの人は、どういうわけか、自分は秀才じゃないと思い込んでしまった人なんですね。それが、人の話をよく聞くという非常にすぐれた能力を作り出した。自分の話をよく聞いてくれるということが、また人のやる気を起こさせる。それがあの人の将たる器《うつわ》なのかもしれませんがね」

と宮沢がいうほどだが、しかしこの時期の池田は周囲の意見に耳を貸そうとしなかった。池田には「次は俺」という強烈な思い込みがあった。

ある朝、信濃町《しなのまち》の私邸から永田町へ向かう車の中で、池田は秘書の伊藤昌哉《まさや》に話しかける。そこが赤坂の弁慶橋の附近だったことをいまでも伊藤は鮮明に記憶している。

「仙人がね、次は俺だっていうんだよ」

そのとき伊藤は、自分のまわりにひたひたと押し寄せて来る時代の波を感じ取り池田がそういうのだろう、と理解する。

この「仙人」を児玉誉士夫《こだまよしお》などの「陰の実力者」と解し、池田と右翼との関係の例証に使っている政治学者もいるが、それはうがち過ぎで、彼は宏池会《こうちかい》に出入りしている文字通り「仙人」という名の占い師だった。池田の閥務を担当していた宏池会の事務局長が面白がり、出入りを認めていたが、宏池会のスタッフすら本名を知らない奇妙な占い師だった。

その年のはじめ、この通称「仙人」は二つの予言をする。ひとつは池田が総理になるということであり、他のひとつは浅沼稲次郎《あさぬまいねじろう》が衆議院での議席を失うということだった。しかし、ヌマさんと呼ばれ、選挙民から深く愛されている浅沼が選挙に落ちるわけがない。だから池田が総理になるという予言も嘘《うそ》っぱちだ、と宏池会でも多くの人が嗤《わら》った。だが、池田はそうは思わなかったのだ。そして事実、浅沼は山口二矢《おとや》に刺殺されることで議席を失い、池田は総理の座につく。

大平が「石井を先に」と諫めた直後、池田は「君はそういうが、俺の眼の前には、政権というものが見えるんだよ、俺の前には政権があるんだ」といった。

そして、大平が帰ると、池田は伊藤の前で自分にいい聞かせるようにこういったという。

「政治家というものは、みずから困難の中に飛び込んでやらなければいけないんだ。この騒ぎのあとでは誰が考えても損をすると思うだろうが、災いを転じて福となすという言葉もある。私はやるよ」

むろん池田にも強い権力欲があっただろう。しかし、それ以上に強く時代が自分を呼ぶ声が聞こえていたのかもしれない。

3

池田は常に自分を「勘の政治家」だといいつづけてきた。それは、吉田茂の《明治の指導者たちはすぐれた「勘」をもっていた。だから私は事あるごとに「勘」の必要を説いてきたのである》という『日本を決定した百年』の中の文章に符合する。まさに池田は、自分が六〇年代という時代が必要としている〈子〉であるという「勘」があったかのように、総理への道を突き進んでいった。

だが、政治上の師である吉田茂でさえ、池田の時代がさほど長く続くとは思っていなかった。一九六〇年七月の自民党総裁選に際し、岸信介の実弟であり大蔵大臣だった佐藤栄作が池田支持を表明したのは、吉田の「こういう時代の総裁には正直者を先にした方がいい」との言葉にうながされたからだ、という説がある。この言葉を解読していくと、池田政権は短命に違いない、との前提が浮かび上がってくる。しかし、その予測に反し、池田時代は彼が病気で倒れるまで千五百日余も続いた。そして、それは単に期間という量的な側面ばかりでなく、政治的な安定という質の側面でも、誰も予測しなかったほどの成功を収めた。

池田時代の二回の総選挙は自民党の得票率が五十パーセントを上回っている。とりわけ池田内閣成立直後の第二十九回総選挙では、追加入党者の四名を加えると当選者は三百名に達し、定員に対する議席占有率も六十四パーセントを超えた。池田以後の自民党内閣は、どれも得票率で五十パーセント、占有率で六十パーセントを割る、いわゆる「長期低落」の道を辿《たど》るようになる。

社会的にも、その安定度のひとつの指標となる労働争議は、前内閣からの遺産である「炭鉱の三池」という難問は抱えたものの、全体としては決して多くなかった。名古屋大学助教授の小池和男によれば《池田内閣のとき、労働損失日数は、戦後三〇年を通じて最低に近い線まで下りた》（『現代日本経済史・上』）という。

この意外な安定は、多く経済的な成功に基づくものといえる。たとえば一九六〇年に十二兆九千億円だった実質国民総生産が六四年には二十一兆七千億円にまで増えている。一人当たりの所得も一万四千円から二万四千円にまでなっているのだ。

しかし、こうしたこと以上に重要だったのは、失業者の激減ということである。戦争に頼らず完全雇用を達成させる。それは日本の資本主義にとっては不可能と考えられ、それ故に悲願でもあったのだが、六〇年代前半には資本主義国においては完全雇用といいうるほどの水準に達する。池田時代に初めて新規卒業者の求職と求人のグラフの線は交差し、求人のグラフが上になり、また職業安定所の求人と求職の数も逆転し、求人率が一を超えるようになった。この基調としての「求人難」が定着することが、戦後の求職難をくぐり抜けた人びとにとって、いかに強い安心感を与えたか想像に難くない。そして、その安心感が池田時代の安定を支える柱となった。

一九六〇年代の半ば、当時まだ三十歳を過ぎたばかりの少壮政治学者だった高坂正堯《こうさかまさたか》は、『宰相《さいしょう》吉田茂』の中でこう述べたことがある。

《「今、日本人はどう考えているかわからないが、将来の歴史家は池田内閣の時代を〝黄金時代〟と言うかもしれないよ」と皮肉なイギリス人の友達が私に語ったのは、東京オリンピックの少し前だった。私はこの言葉を奇妙と思い、彼の皮肉にあきれる思い

がしたが、しかしそれは耳にこびりついた》

だが、これが書かれてからの十年という歳月は、このイギリス人の言葉から「皮肉」な響きを消し去ってしまった。池田勇人の時代は真に「黄金時代」だったのではあるまいか……。

高坂正堯は、前に掲げた文章に続けて、次のように書く。

《たしかに経済発展という比較的単純な目標を国民の大多数が信じえたのは特異な幸福の時代だったのかも知れない》

この時代には、高坂のいうように、国民の多くは経済成長に関する素朴な二つのオプティミズム、楽観主義的な考えを持つことが可能だった。ひとつは「経済は発展するものだ」ということであり、もうひとつは「経済が発展すれば国民生活は幸福になる」ということであった。池田勇人自身も死ぬまで「公害」という言葉を意識せずに済んだのではないかといわれる。すでに一九六一年には八十七名の水俣《みなまた》病患者が発生し、六二年には十六人が胎児性水俣病と認定されているが、池田が眼を通した官庁の書類に「公害」の二文字はなかったはずだ、と宮沢喜一はいうのだ。

一九六〇年代の日本において、「経済成長」はひとつの信仰だった。そして、大多数の国民をして「経済成長」という国民的信仰へ導くことが可能だったのは、おそらくは「所得倍増」という卓抜なスローガンがあったからである。

岸退陣を受けての自民党総裁選挙にのぞむ池田に、秘書の伊藤昌哉が訊《たず》ねた。

「総理になったらなにをなさいますか」

するとと池田は即座に答えた。

「それは経済政策しかないじゃないか。所得倍増でいくんだ」

池田の大蔵大臣時代の秘書官のひとりであり、やがて衆議院議員となり、池田内閣が成立すると大平正芳に次いで二代目の官房長官となる黒金泰美《くろがねやすみ》は、「闘い」のためのスローガンとして「所得倍増」ほど卓抜なものはなかったという。

「あれは空前絶後の選挙用スローガンでしたね。あの言葉を聞いただけで、なんだかみんな金持ちになれるような気になってしまう。とにかく、明るい感じにさせる力がありましたね」

総裁選を石井光次郎と共に池田と争った藤山愛一郎も、「所得倍増」という池田のスローガンを見て「うまいことをいうものだ」と内心では感じていた。「経済成長」という一九六〇年代日本の国教とも言うべき国政上の大テーマの、その題目は「所得倍増」であったとひとまず言い切ることができる。

第二章

戦後最大のコピー

1

「所得倍増」とは果して何であったのか。

この一見あまりにも自明にすぎると思われる問いに、しかし正確に答えられる人はさほど多くない。不思議なことに、「所得倍増」という日本の社会に深刻な影響を与えたものの生成と消滅のプロセス、つまり「所得倍増」の運命について正面から論じた著作は驚くほど少ない。いや、皆無といってもよいくらいだ。そこから「所得倍増」を認識する上での誤解と混乱が生まれる。それは何も経済学に無知な者だけが陥《おちい》っている誤りではない。経済学者もまたその混乱から免れていないのだ。

たとえば法政大学教授の伊東光晴は、『経済の思想』に収められている東京外国語大学教授長《ちよう》幸男との対談「戦後経済の思想」の中で、次のように述べる。

「昭和三十五年の正月に、中山伊知郎さんが、所得を倍ぐらいにするような意気込みがなければ日本の政治家はダメですよという話を、NHKの放送でされた。これが一つの火つけ役になって、池田首相がこれを受けるという形ですね。政治家としては池田さん、そしてそのプランを実際に作った直接の責任者が宮崎勇さん。その間に池田ブレーンとして、成長派として下村治さんが出てきますね」

ところが、東京大学教授の中村隆英《たかふさ》は『戦後日本経済』の中で、それとは異なる次のような見解を提出している。

《倍増計画は一九五九年秋、中山伊知郎氏が十年たてば月給が二倍になるといったのをとりあげて、当時の岸内閣がＧＮＰ二倍化を目標とする経済立案を経済審議会に諮問《しもん》したのにはじまる》

わずかに「所得倍増」が現実化していく契機についてすら、これほど異なっているのである。その発端を、一方は一九六〇年（昭和三十五年）正月といい、他方は一九五九年（昭和三十四年）秋という。一方が「所得を倍にしなければダメですよといった」といえば、他方は「月給が二倍になるといった」という。さらにそれを受けたのが、一方では池田だといい、他方では岸内閣だという。これらの差異には、単なる事実経過の誤認というにとどまらない「所得倍増」そのものへの認識上の混乱があるように思われる。二つの見解のどちらかが正しくどちらかが誤っているというわけではない。あえていえば、どちらも間違っている。だが、ここで問題にすべきなのは、「所得倍増」とは何かという問いに対する答えが、いまだ正確には提出されていないということである。

では、あらためて「所得倍増」とは何かという問いを提出してみることにしよう。

この問いに答えようとするとき、もっとも有効な働きをするのは、一九六〇年当時、経済企画庁の総合計画局長をしていた大来佐武郎《おおきたさぶろう》の、次のような考え方である。

大来によれば、「所得倍増」は三つの側面に分解することができるという。すなわち、「計画」としての「所得倍増」、「政策」としての「所得倍増」、「ブーム」としての「所得倍増」の三つである。

確かに、この三つの側面の混同が、「所得倍増」に関する議論を錯綜《さくそう》させ、実りのないものにしている。ひとりが「所得倍増計画」のプロセスについて語っているとき、他のひとりは「所得倍増政策」の功罪について論じ、他のひとりは「所得倍増ブーム」の行き過ぎを批判しているという具合だ。これら三つの側面は、同じ「所得倍増」の三つの貌《かお》であり、また時間の経過による相の変化でもある。

だが、実は、「所得倍増」は大来のように三つの側面に分解しただけではまだ不足なのである。なぜなら、「所得倍増」が「計画」としての相を持つまでに、そこへ至る長い前史があるはずだからである。その側面を「発想」としての「所得倍増」と呼ぶならば、この四つの相を丹念に追うことで、「所得倍増」の全体と、時間の経過による変容が、次第に理解できてくるに違いないのだ。

この四つの側面の中で、もっとも重要でありながらもっとも曖昧模糊《あいまいもこ》としているのが、「発想」としての「所得倍増」なのである。果して「所得倍増」の「発想」は誰が、いつ、どのようにして産み落としたのか。

2

ところで、世に流行語というものが存在する。ある一時期、爆発的に人口に膾炙《かいしや》し、のちにはそれがその時代を象徴する言葉となっていく。いま、ここで、その流行語の、戦後における変遷といったものが載っている一覧表をいくつか広げてみることにしよう。

「一億総懺悔《そうざんげ》」（一九四五年）
「不逞《ふてい》の輩《やから》」（一九四七年）
「斜陽族」（一九四八年）
「レッド・パージ」（一九五〇年）
「逆コース」（一九五一年）
「家庭の事情」（一九五三年）
「ノイローゼ」（一九五五年）
「よろめき」（一九五七年）

「カミナリ族」（一九五九年）

すると、こうした表の一九六〇年度の項に必ずといってよいほど掲げられているのが「アンポ反対」と「所得倍増」である。

そして、その一覧表をさらに眺《なが》めていくと、一九六〇年を境にして流行語の性格が大きく変わっていったことに気がつく。それまでの流行語が政治、社会、文学などの世界からの自然発生的なものによっていたのに対し、一九六〇年以降は、たとえば石油会社のコマーシャル・コピーが、時代風潮を先取りする形で「モーレツ」という言葉を凄《すさま》じい勢いで社会化させていったように、流行語の多くはテレビから生まれるようになる。自然発生的というより、専門的なコピーライターたちが知恵を絞り、巨大なマス・メディアを駆使して流行語化させてしまう。

「アンポ反対」は国民の広汎《こうはん》な抗議行動の中から自然に生まれ、幼い子供の口の端《は》にさえのせることができたという点において、まさに一九六〇年までの流行のパターンと同じである。しかし「所得倍増」はその背後に優れたコピーライターの存在を感知させるという意味で、一九六〇年以降の流行語に近似した印象を与える。

戦後三十年を通じて、この二つの言葉ほど社会全体に強い影響を与えたものはない。一九六〇年代はアンポに明け、バイゾーに暮れた。一九六〇年代とは、「アンポ反対」

を叫んだ人びとがやがて「所得倍増」の幻想にからめとられ、流れに巻き込まれていった時代といえる。その意味では、「所得倍増」こそ戦後最大のコピーライティングだったといえるかもしれない。

たとえば、この時代の気分について、『市民の暦』という書物の中で「十月十二日」の項目を担当している評論家の大野明男は、次のように書いている。

《そのとき私は、銀座あたりの喫茶店で、プロ野球の日本シリーズの中継を見ていた。業界雑誌の記者という仕事には、それくらいのヒマがあったからでもあるが、何よりも「六〇年安保」の大波が去ってしまったという、ダルな感覚にとらえられていた。岸から、池田内閣に変り、「寛容と忍耐」「所得倍増」「経済のことはお任せください」と、ムード転換に成功したところで総選挙。ブントは分裂、声なき声の会も沈滞、気の乗らない選挙だった》

ここで「ブント」とは、反安保闘争のひとつの核だった全学連主流派「共産主義者同盟」の略であり、「声なき声の会」とは、未組織の市民が自発的に安保反対の示威行動に参加した、市民運動の先駆的な存在である。さらに、大野自身も、「思想の科学研究会」に拠って、市民主義の立場から反安保闘争に参加していた。

つまり、大野の文章は、積極的に「アンポ反対」を叫んだ人たちでさえも、安保後の状況の大きな変化の中で、しだいに方向感覚を失っていってしまったことを伝えているのだ。

一九六〇年代におけるもっともダイナミックな政治的ドラマは、「反体制」の側から自然発生的に生み出されたコピーが、「体制」側が意識的に生み出したコピーに、なぜ、いかに呑《の》み込まれていったのかという問いの中に存在すると思われる。だとすれば、その戦後最大のコピーの作り手が誰だったのか、つまり「所得倍増」という言葉のコピーライターが誰だったのかを検証することが、一九六〇年代のダイナミズムを理解する第一歩となるはずなのだ。

3

戦後最大のコピーとも言うべき「所得倍増」の、その最初の一蹴《ひとけ》りともなるものは誰によってもたらされたのか。

その発端については、互いに指し示している時期は異なるものの、伊東光晴も中村隆英も中山伊知郎の発言に求めている点ではまったく変わらない。

では、実際に発想としての「所得倍増」は中山に負っているのだろうか。

私は、それを確かめるための第一歩として、一橋大学の元学長であり、中央労働委員会の会長を永く務めていた中山伊知郎に面会を求めた。

しかし、中央労働協会の一室で会った中山の話を聞いていくに従って、事はそれほど単純ではないことが理解できてきた。

中山が「所得倍増」の端緒と目される発言をしたのは、伊東光晴のいう「昭和三十五年正月のラジオ」でもなく、中村隆英が書いている「五九年秋」でもなかった。一九五九年（昭和三十四年）の一月である。一月三日付の読売新聞に短いエッセイを書いていたのだ。

一九五九年一月、読売新聞は正月用の企画として「日本の希望」と題するエッセイを元旦から連載しはじめた。社会、政治、労働、家庭などといった項目別に、識者の見解を一種の「夢」として提出したのだ。

一月一日　社会　高桑純夫《すみお》（愛知大教授）「警職法と皇太子妃にみる／人間自覚への成長」

一月四日　文化　福田恆存《つねあり》（評論家）「絶望も優越感も捨て／自然の姿を愛したい」

一月五日　政治　矢部貞治《ていじ》（拓殖大総長、政治学博士）「福祉国家を目指し／『主義』の亡霊から脱せよ」

一月六日　外交　入江啓四郎（愛知大教授）「議員留学と懇談会により／超党派へ

体質かえる」
一月七日　科学　安芸皎一《あきこういち》（東大教授）「生産での役割評価して／現実的指標たてよ」
一月八日　労働　吾妻光俊《あづまみつとし》（一橋大教授）「民主化と人権尊重へ／大衆運動を生かせ」
一月九日　家庭　我妻栄《わがつまさかえ》（東大名誉教授）「相互尊重の教育を／〝権威〟の伝統すてよう」

一月二日は新聞の休刊日で連載はなかったが、一月三日は二回目にあたる「経済」を掲載した。そこに「前一橋大学長、中労委会長」の肩書で登場した中山は、いまや一国においても、世界においても、抽象的な目標ではなく現実的な典型としての新しい未来像が必要となり模索もされている、と説いたのである。

それを書く直接的な契機には、前年の秋の欧州旅行での経験があった。中山がチェコスロバキアの中央計画庁を訪問したときのことだ。そこの役人たちが「われわれの最大の問題は長期計画の設定にある」と口ぐちにいうのを聞いた。チェコスロバキアは社会主義の国であり、計画経済の国である。その国の役人がいまさらなんで「計画」が問題だといわなくてはならないのか。中山は不思議に感じたが、説明を聞いてなるほどと思う。つまり、第二次大戦後の数年間は生活必需品をいかに確保するか、戦争で破壊された生産力をいかに復旧するかということが計画の主目標であり、それに専心すればよかった。しかしその目標が一応は達成された現在、新たなる具体的な目標が設定できず困惑している、というのだ。

　チェコスロバキアの中央計画庁の困惑は同時に日本においても妥当するものだ、と中山は考えた。日本における抽象的な目標が福祉国家の建設にあるという点については各層の広汎《こうはん》な一致が見られるであろう。だとすれば、その未来像の具体的なかたちのひとつとして、私は賃金二倍の経済を提唱してみたい、とこのエッセイで述べたのである。中山の専門は理論経済学である。しかし、戦後すぐに中央労働委員会の公益委員となり、やがてその会長職を永く務めることによって、日本の労働問題に深くコミットすることになった。頻発する争議の一種の調停役として、労使関係、とりわけ「賃金」について考えることが多くなっていき、働く者をいかに戦後的な貧しさから脱却させるかということが念頭を離れなくなる。そうした中山の日本の社会に対する思いの中から一月三日の読売新聞のエッセイは生まれることになったのだ。

「しかしね」と中山はいった。「この文章が池田さんの『所得倍増』を生んだとは、どうしてもぼくには思えないんですよ。ぼくは『所得倍増』という言葉を作った覚えもない。その当時のぼくが考えていたのは、高賃金の経済というものが日本でも可能なのではないかということでした。経営者は賃金のコストの面ばかり見て抑えつけようとするが、賃金のもうひとつの側面である所得を上げることこそが、かえって生産性を上昇させ労働争議のロスを少なくさせ、社会全体にとってよいものなのだということを主張したかったわけです。賃金を二倍にしてもやっていけるような経済を作っていこうという、いわば夢を述べたわけなんですね。『所得倍増』はぼくのこの考えを基礎にしたものではありません」

それに、と中山は付け加えた。

「いつだったか、池田さんと一緒の講演会に出たことがありましてね。でも、池田さんは『所得倍増』について熱っぽく喋《しゃべ》っていたけれど、ぼくのエッセイについては何も触れていらっしゃらなかった。二つは無縁なものだと思いますね」

だとすれば、やはり「所得倍増」は池田内閣の経済ブレーンとされる下村治によって産み落とされたのだろうか。

たとえば、専修大学教授の正村公宏は『現代日本の経済政策』の中で次のようにいう。

《下村氏の名は、池田内閣の「所得倍増計画」をはじめとして、戦後の日本経済の成長の全過程と政府の政策体系を論ずる場合に、切り離すことのできないものに感じられている》

そこで私は、東京プリンスホテル内にある下村の個人事務所を訪ね、単刀直入に訊ねてみた。「所得倍増」は池田勇人の経済ブレーンだったといわれるあなたによって考え出されたのですか、と。

すると、下村から即座に答えが返ってきた。

「いえ、私と『所得倍増』との間には何ひとつ直接的な関係はありません」

そして、さらにこういって小さく笑った。

「池田さんが『所得倍増』をいいはじめたとき、なんと素朴な表現なんだ、素朴すぎる、と驚いたくらいなんですからね」

戦後最大のキャッチ・コピーといえる「所得倍増」の運命は、その誕生のときからすでに混沌とした、劇的な要素をはらんでいたかのようである。

第三章

第三のブレーン

1

池田勇人は信濃町の自宅で二人のジャーナリストと昼食をともにしていた。一九五九年（昭和三十四年）の正月、まだ松もとれていない六日のことである。

ひとりは日本経済新聞政治部次長の田中六助、もうひとりは読売新聞編集局次長の白《しら》神勤《がみつとむ》。池田は、十日前に起こした自分の激越な行動に対する各界の反応を、二人の話から窺《うかが》おうとしていた。

暮も押し迫った前年の十二月二十七日、池田は経済企画庁長官の三木武夫、文部大臣の灘尾弘吉《なだおひろきち》ら反主流の閣僚と諮《はか》って、総理大臣の岸信介に対して辞表を叩《たた》きつけていた。「人心一新」の要求を受け入れられなかったということが大義名分となっていたが、実際には警職法改正の失敗につけこんだ反主流四派のゆさぶり以外のなにものでもなかった。赤坂の料亭で忘年の宴《うたげ》をはっていた岸首相はあわてて官邸に戻り、辞表を持ってきた三人を慰留したが、彼らの決意は固かった。池田は屈辱的な「無任所」の国務大臣の椅子《いす》を降りることで、党内野党としての旗幟《きし》を鮮明にしたのだ。彼はそのリアクションがどのようなかたちをとって現われつつあるのかが知りたかった。

官僚から政治家になったばかりのひと頃、池田は新聞記者にまったく人気がなかった。第四次吉田内閣での通産大臣を棒に振ることになる、「ヤミをやっている中小企業の二つや三つ、倒産してもかまわない」という発言も、池田に腹を立てていた通産省の記者クラブの面々が、明確に「はめる」意志を持って仕組んだ会見の中から飛び出したというくらいである。しかし、時の経過とともに、池田の率直な人柄が記者たちにも理解できるようになる。すると、今度は逆に根強い池田人気が生まれてきた。「はめる」ことに協力したような記者たちが、雑誌論文やエッセイなどのゴーストライターを引き受けてくれるようになってさえいた。

日本経済新聞の田中六助は、池田から「六助、六助」と呼ばれて可愛《かわい》がられていた。のちに田中は池田の秘書となり、やがて衆議院選挙に打って出るのだが、この頃からすでに池田の「身内」のような存在だった。一方、読売新聞の白神勤はもう少し距離を置いていたが、やはり親しい仲であることに変わりなかった。池田はこの席で二人の話に熱心に耳を傾けていた。

だが、池田にとって、この昼食会がその後の彼の政治家としての命運を決するほど重要な意味を持ったとすれば、それをもたらしてくれたものは、そのとき耳にすることができた政界や財界における大小無数の噂話《うわさばなし》ではなかった。

食事が終り、茶を飲みながらくつろいでいるときだった。何気なく白神が訊ねた。

「そういえば、あれを読みましたか」

白神のいう「あれ」とは、一月三日の読売新聞に載った中山伊知郎のエッセイだった。まだ読んでいないと池田は答えた。

「一度、眼を通すといいですよ」

白神は勧め、原稿用紙にして七枚足らずの短いものだが、と付け加えた。あまりに軽い調子だったので特に気にとめることもなく、座はまた別の話題に移っていった。

それから数日が過ぎたある日、池田はふと思い出して、中山のエッセイを探しておくよう周囲の者に頼んだ。持ってこられた新聞の切り抜きを見て、そこにどのようなことが書かれていたかを知ったとき、池田は軽い衝撃を覚えたに違いない。

エッセイの中で、中山伊知郎はひとつの提案をしていた。

《福祉国家という大目標は今日も依然として未来像の中核たるべきものであると思う。ただ貧乏のただ中で如何《いか》にして福祉国家の理想に接近するか、この問題に直面するとき、この未来像には一層具体的な形が与えられねばならない。その具体的な形として、私はあえて賃金二倍の経済を提唱して見たい》

しかし、池田が惹《ひ》きつけられたのは、内容よりもまずそのタイトルだった。執筆者の中山によれば、原稿を渡す際、特に題はつけていなかったという。本来は無題のこのエッセイに、読売新聞の整理部は「賃金二倍を提唱」というタイトルをつけていた。

賃金二倍。この力強い言葉の響きに、池田は驚いたのだ。

しかし、タイトルをつけた整理部員と、それを見て驚いた池田勇人との間には、「賃金二倍」に関して天と地ほどの考え方の差があった。整理部は、このエッセイに、「生産伸ばせば夢でない」というサブタイトルをつけることで、逆にこれは夢物語であるということを強調していたのだが、池田はこれを夢とは決して思わなかった。これこそ探していたものだ、という政治的な「勘」があった。


一九五八年（昭和三十三年）暮に岸内閣の無任所大臣を辞めた池田は、五九年に入ると以前にも増して信濃町の私邸の茶の間で新聞記者を相手に酒を呑む機会が多くなった。池田は気を許した相手と酒を呑むのが何より好きだったといわれる。池田を囲む、いわゆる「番記者」の間では、この酒の相手をつとめさせてもらえるかどうかが、池田番としての成否にかかわる重要な問題だった。いつからか、親密度を表現するものとして「茶の間組」と「応接間組」という言葉ができていた。もちろん、「茶の間組」が番記者における勝者だった。

ある晩、池田はその「茶の間組」の記者連を相手に酒を呑んでいた。そのとき、ひとりの記者から自嘲《じちよう》まじりの愚痴《ぐち》が出てきた。

「新聞記者といえば、戦前の生活は優雅なものだったらしいが、戦後はひどいものだ」

別のひとりも調子を合わせた。

「どうやら最近は衣と食には不自由しなくなってだいぶよくなってきたが、まだまだ住には満足できない」

それを聞いていた池田は、真剣な口調で、だがそのよくなり方というのはたいへんなものなんだよ、といった。

「君たちの背広を見てみるがいい。私がアメリカに行ったときに会ったアメリカのジャーナリストだって、そんないい布地は使っていなかったぞ」

そして池田はこう付け加えた。

「やがて君たちの給料だって十年もしないで倍になるんだ」

記者たちはそんな馬鹿なことが起こるわけはないと一笑にふしたが、池田は「絶対になるんだよ」とムキになって反論した。その場で統計資料を取り出して説明しかねない池田の熱っぽさに、居合わせた秘書の伊藤昌哉も驚いた。それは池田の死後に書かれることになる伊藤の『池田勇人その生と死』に出てくる挿話だ。

「しかし、当時は、どちらかといえば、私も記者たちと同じような受け取り方をしていたように思います。つまり、そんなことが可能かなというような、ね」

それも無理のないことだった。その前年の一九五八年には、国民総生産で十一兆七千八百五十億円、一人当たりの国民所得で十万九千円にまでなっているが、大学卒業者の初任給が一万三千円、大工の日当が九百円といわれていた時代である。一九五九年に「皇太子御成婚」という大イヴェントによってテレビが爆発的に普及するが、それでもNHKの受信契約数は三百万件に過ぎない。国民の実感ではようやく失業や飢餓の恐怖から逃れられつつあるというくらいのものだった。そうした時代に、いきなり給料が二倍になるといわれても、にわかに信じられなかったのは無理ないことだったのだ。

しかし池田は、伊藤を含めた彼らの「信じられない」「信じまい」という冷ややかさから、逆に「賃金二倍」への熱い関心を本能的に嗅《か》ぎ取っていたようだった。

2

とはいえ、「賃金二倍」という言葉によってもたらされたインスピレーションが、一気に「所得倍増」という卓抜なキャッチ・コピーを生み出したわけではなかった。一月初旬に中山のエッセイを読んだ直後、池田は静岡で知事選の応援演説をしている。ところが、静岡駿府《すんぷ》会館におけるその長時間に及ぶ演説の中で、「賃金二倍」という言葉は一度も使われていないのだ。

池田が初めて「賃金二倍」を公《おおやけ》にするのは、六月の参議院選挙にそなえて、二月に広島の選挙区へ戻ったときである。広島市立袋町小学校で催された「池田勇人時局談」に、聴衆は講堂が満員になるほど集まった。

その日、池田は登壇する直前、甥《おい》にあたる池田肇三《ちょうぞう》に「今度はちょっと変わったことをいうよ、よく聞いておいてくれないか」と洩《も》らしている。

宏池会に残されている速記録によれば、その演説は次のように始められている。

「私はかつて麦飯《むぎめし》大臣といわれました！」

登壇した池田が特徴のあるダミ声でまずそう見得《みえ》を切ると、聴衆の間に笑い声が広がる。一九五〇年（昭和二十五年）、当時大蔵大臣だった池田は、参議院の予算委員会における労農党の木村禧八郎《きはちろう》の「米価引き上げ」に関する質問に対し、「貧乏人は麦を食え」と放言したとマスコミに報道され、「麦飯大臣」と批難されたことがあったのだ。

そもそも池田の「放言」といわれるものには二つある。

ひとつは一九五〇年三月に、大蔵大臣と通産大臣を兼務していた池田が、記者会見に臨んだ際に発せられたものだった。記者のひとりが質問した。税金の取り立てや、滞貨の激増などで中小企業は四苦八苦しているが、大蔵大臣はどうするつもりなのか、と。

それに対して、池田はこう答えた。

「五人や十人の業者が倒産し、自殺しても、それはやむをえぬでしょう」

これが新聞に大々的に報道され、不信任案を上程されるまでの問題に発展するが、反対多数で否決された。

そしてもうひとつの「放言」が、同じ年の十二月に木村禧八郎の質問に対して発せられた「麦飯」発言だったのである。

そのやりとりは正確には次のようなものだった。

「さっき経済を自然本然の姿にもっていくといいましたが、いまの日本の姿は自然本然の姿で動いておりますか、動きうると思いますか」

木村のこうした問いかけに、池田は最後の最後にこう答えてしまったのだ。

「所得に応じて、所得の少ない人は麦を多く食う、所得の多い人は米を食うというような、経済の原則に沿ったほうへもってゆきたいというのが、私の念願であります」

これが「池田は貧乏人は麦を食えといった」と新聞や雑誌で叩かれ、池田の似顔絵は一貫して悪玉風に描かれるようになる。

しかし、それから九年が過ぎ、そうした「放言」の記憶も、すでにこの時点では聴衆の笑いを誘う「ネタ」になっていたのだ。

広島での演説は、そこからこう続けられていく。

「日本をよくするためには少し荒っぽいことでもやらなければならなかったのです。私はそこまでやらしてもらいました。

いまの政治は、どうも少し国民の伸びる力をおさえているようです。戦後の日本の状態は丁度チフス患者のようなもので、ごはんも食いたいだろうが、始めは重湯《おもゆ》にし、次にお粥《かゆ》にして次第に腹を一杯にしようということだったのです。しかし、いまは違います。皆さんの御努力によって、いまではチフスがすっかり治ったのです。

日本人の才能はすぐれています。その勤勉と努力もまたくらべものになりません。その証拠に三十三年は五億ドルの黒字になったではありませんか。この五億ドルの金を貯《た》めてしまっておくばかりが能ではありません。もうけた金を使って発展させなければならん。皆さん、できないことはないのです」

ここまでは、静岡における演説とまったく変わっていない。ところが、その結語が違っていたのだ。

「日本の経済は力をつけてきました。この力をさらに伸ばしてあげれば、皆さんの賃金を二倍、三倍にするのも夢ではないのです。今後五年から十年の間に皆さんの賃金を二倍、三倍にすることは必ずできます。必ずできるのです」

広島から帰る途中、池田は大阪に寄り、「クラブ関西」で百人あまりの関西財界人と懇談会をもった。ここでも経済政策の積極論と賃金二倍論をぶったが、財界人の反応は冷ややかだった。席上でも、関西電力社長であり関西経済連会長でもある太田垣《おおたがき》士郎から、「少し景気がよくなると、すぐ設備投資をしてもいいというのはどうかと思う」との苦言が呈せられた。

池田の賃金二倍論は他の文脈からそれだけが切り離され、随行していた記者たちに面白おかしく報じられた。反響もさまざまだった。しかし、中でも池田を慌《あわ》てさせたのは、春闘を目前に控え、十パーセントの賃上げにすら頭を悩ませているのに二倍にするとは何事だ、という財界首脳からの腹立たしげな反応だった。

中でも、信越化学社長の小坂徳三郎は、「春闘のさなかにけしからん、政治的センスを疑う」と声を荒らげて語った。そこで池田は、東京に戻るとすぐに弁明しなくてはならなかった。

「私の賃金二倍論には多くの誤解があるようだ。あれはいますぐ上げるという意味でなく、生産性を上げていけば、それにともない賃金もゆくゆくは二倍となるということだ。その点では日経連の主張と変わらない」

三月に入って、朝日新聞の「今日の問題」欄が、「〝月給二倍論〟」というタイトルで、この一連の政、財界の動きを簡単に解説した。

これ以後、池田の賃金二倍論は月給二倍論として流布《るふ》し、定着していく。

池田の賃金二倍論の発端はまぎれもなく中山伊知郎のエッセイにある。しかし、中山の「二つは無縁だ」という主観が誤っているわけではない。池田にとっては、「いかに福祉国家の理想に接近するか」という中山の論旨はさほど重要ではなかった。極端にいえば、中山のエッセイでなくとも、新聞社の整理部員がつけたと思われる「賃金二倍を提唱」という見出しだけがあればよかったのだ。

だが、この中山のエッセイを眼にした政治家が池田勇人ただひとりだったはずはない。なぜ他の政治家ではなく池田がこのエッセイに強く惹きつけられたのか。確かに池田の独特な「勘」が働いたのだろう。しかし、「勘」が単なる気まぐれや思いつきの域を出るためには、その背後に確固たる歴史観を必要としていたはずである。

ここにおいて、池田勇人におけるブレーンの問題が初めて重要な意味をもって登場してくることになる。

3

ブレーンとして、池田の周囲には前尾繁三郎や大平正芳、宮沢喜一らの議員集団が存在した。このことはよく知られている。

ただし、前尾、大平、宮沢ら側近の頭脳は、主として政治と外交の問題を助けるために向けられていた。経済問題に限れば、そのブレーンは明らかに下村治だった。

もちろん、それもまた周知のことだ。

だが、私は、実際に下村治に会うまで、「時の権力者に媚《こび》を売った御用エコノミスト」というような頭でっかちの通念を鵜《う》呑《の》みにしていたかもしれない。ところが、「所得倍増」生成のプロセスを辿《たど》るという作業を続けていくうちに、下村治の存在が日増しに大きく映るようになってきた。

それは下村の経済理論が池田の経済政策に圧倒的な影響力を持ったからというだけではない。

彼の戦後を集大成した著作に『経済大国日本の選択』という六百五十頁《ページ》の大冊がある。それを読み進めていくにしたがって、「御用エコノミスト」などという浮薄な印象は徐々に崩れ去っていった。一見、無味乾燥な経済論文の羅列にすぎないこの論文集に、実は日本という国で孤立無援の学問的闘いをしてきたひとりの人間の、極めて男性的な航跡が記されているということに、初めて気がつくようになったのだ。

物価割高論への批判——さして悲観するにあたらず——
金融引締め政策——その正しい理解のために——
当面の経済局面を貫く基本動向——経済の膨張ははたして限界点にきたか——
当面の経済基調の正しい理解のために
景気転換の可能性をはかる——期待できぬ自動的上昇要因——
経済成長実現のために
日本経済の基調とその成長力——過大成長論批判と成長力の吟味——
成長政策の基礎理論

当面の経済情勢とこれに対処する基本的態度
日本経済の歴史的位置づけのために
消費者物価問題の正しい考え方
経済成長の中の日本農業
安定成長論者は敗れたり——積極政策こそ信用不安解消の決め手——

このように、一九五〇年代から一九六〇年代にかけての主要論文のタイトルを並べてみただけで、その論争的、闘争的な姿勢は明らかである。

実際、下村治は数多くの経済学者、エコノミストと論争してきた。しかも彼は常に少数派だった。いや、むしろただひとり孤立していたといってもよい。他のすべてを敵に廻して論戦を行なっている、という趣《おもむき》すらあった。

天才的な官庁エコノミストで、経済企画庁で経済白書を執筆することにその全才能を注ぎ込んでいた後藤誉之助《よのすけ》の『昭和二十九年度経済白書』を、「金融引締め政策——その正しい理解のために」という論文で批判して以来、在庫論争から成長力論争にかけて、並木信義、金森久雄、吉野俊彦、大来佐武郎、都留重人《つるしげと》、吉田義三、内田忠夫、渡部経彦《わたなべ》といったあらゆる種類のエコノミストたちと激しく闘ってきた。その筆鋒《ひっぽう》は鋭く、論争相手には傲慢《ごうまん》とも不遜《ふそん》とも思われた。永年の論敵のひとりである元日本銀行理事の吉野俊彦は、同じ下村の論敵であった都留重人の著作集の解説に、次のように書くほどその「傲慢さ」には苛立《いらだ》ったようだ。

《著者と反対の立場を主張する者の自己陶酔的な文章とその内容とを一読し、改めて著者の論文を読み直してみると、その差が余りにも歴然としていることに読者は気が付くであろう》

ここで「著者」は都留重人を指すが、「反対の立場を主張する者」が下村を指すことも明らかである。

吉野の言う「下村の立場」とは、日本経済は一九五五年（昭和三十年）を境にして復興期から勃興期に入ったのだということを一貫して主張することであった。日本経済には力強い成長力がある。悲観論によって、総需要をいかに総供給の範囲内に抑え込むか、というように問題を立てるのは誤っている。充実した供給力に需要を追いつかせることが政策的に必要な段階にきているのだ、と。しかし、下村のこの発想は、唯一の援軍であった経済評論家の高橋亀吉が評したように、永く「邪教」と見なされていた。下村や高橋は、経済ジャーナリズムで、ある種の軽侮の念をこめてオプティミスト、楽観論者と呼ばれるようになる。

だが、日本経済が巨大であるということを国民の誰もが疑わない現代においてではなく、いったい日本がどこへ行くかもわからなかった一九五〇年代の半ばに、「日本経済には力強い成長力がある」といいつづけることがどれほど困難なことであったか。マルクス経済学という、特殊日本化し極端なペシミズム、悲観論を基調とするようになってしまった学派が正統とされる当時の経済論壇の中で、オプティミストたりつづけることはいま考えられるほど容易なことではなかったはずだ。経済論壇は日本経済への悲観論で満ちあふれていた。

しかし、下村は日本経済をアンデルセンの「醜いあひるの子」にたとえてこう考えていた。

《日本経済についてありとあらゆる欠点や弱点を並べたて、その国際的な水準の低さや文化的、社会的、経済的なアンバランスをあざわらい、今にも日本経済が破局におちいるかのようにいいつのる人びとを見ていると、わたくしはアンデルセンの「醜いあひるの子」という童話を思い出す。

それらの人びとは、自分たちをあひるかあひるの子と、思いちがいしているのかしれない。日本の経済は、いかにも白鳥の子らしい特徴を持った発育を示しているのに、あひるの目でそれを見れば異常であり、アンバランスであるのかもしれない。

われわれはあまりにも長い間、後進国的な状況にとどまりすぎたようである。そのために、二重構造とか、所得格差とか低賃金とか、要するに、日本経済の貧しさや後進性が、われわれ自身の宿命的な属性であるかのように、あまりにも諦観《ていかん》されすぎたようである。

つい最近まで、日本経済の成長力について、執拗な疑問が述べられてきた。経済成長が二重構造と不可分であり、所得格差は経済成長とともに拡大するほかないという迷信が、いかに広く信奉されてきたか。

しかし、日本は、あひるの子ではなかったようである。時至れば、見事な雪白《せっぱく》の翼をはばたいて、大空高く飛び上がることができることを、ようやく示しはじめたようである》

これは一九六三年に刊行された『日本経済は成長する』の「まえがき」の文章だが、すでに下村は、一九五〇年代の半ば過ぎには日本経済が大空高く飛び立つ白鳥となるだろうことを予言していた。

この下村の「オプティミズム」に対し、常に批判者として存在していたのが、一橋大学教授の都留重人であった。

たとえば都留は、『経済と現代』という著作の中で、下村理論を基礎に構築された池田内閣の高度成長政策を批判して、次のようにいう。

《泥道を自動車がスピードをだして突っ走れば、泥をはねる。スピードをだせばだすほど、はねる泥はひどい。池田内閣の高度成長政策は、この自動車みたいなものだ。自動車のスピードさえでれば、はねる泥で迷惑する人があっても、それはやむをえない、というかに似ている》

都留は、なぜその「泥」について考慮しようとしないのか、といいたいのだ。おそらくそれは正論である。だがそれは「永遠の正論」とでもいうべきものであり、まさにその「泥」の中でうごめき、悪戦苦闘している大多数の国民にとっては、泥海に片足で佇《たたず》んでいる清々《すがすが》しい鶴の一声ほどのインパクトもなかったかもしれない。「永遠の正論」の側に身を寄せて現実を批判することは、ある意味で容易なことだといえる。少なくとも、下村治はそうした道を選ばなかった。逃げを打たず、弁解をせず、下村は常に「日本経済はこうなる」、「こうすべきだ」と男性的な口調で断言してきた。無礼だ、不遜《ふそん》だと批判されながら、しかしなおその態度には他のエコノミストに見られない「潔《いさぎよ》さ」によって貫かれているものがあった。

そして、彼の「予見」のほとんどが正しかったことは、現実の経済の動きが証明した。「予見」があたるのは当然だ、政治経済の中枢につながっていたのだから、彼の思うような方向に導くことも可能だった、という意見がある。しかし、それほど「現実」に深い影響を与え得た経済理論家が、かつて日本に存在したであろうか、ということを考えるとき、その批難に近い意見は下村への讃辞と同じものになってしまう。

下村治は時代に対する卓抜な洞察力を持っていた。池田勇人が時代の必要とした〈子〉であるなら、下村治はその〈眼〉であったといえる。

ところが、その下村が「所得倍増」とは直接的な関係はないと断言しているのだ。いったいそれはどういうことなのか。

問題は、「直接的」という言葉の具体的な意味にある。その疑問を解きほぐしていくと、突然、池田とそのブレーンたちの背後から、もうひとりのブレーンの姿が浮かび上がってきた。自らを声高に主張することなく、表舞台に立つこともなかったため、「所得倍増」が誕生するためのもっとも重要な人物であるなどと、考えることすらできなかった存在。だが、彼は紛《まぎ》れもないブレーンだった。しかも陰のブレーン。この第三のブレーンともいうべき陰の人物を介することで、下村は「所得倍増」と「間接的」に、しかし「本質的」に結びつくことになったのである。

4

私にこの第三のブレーンとでもいうべき存在が明らかに見えてきたのは、「進路」という一般的にはまったく無名の雑誌が、普通の政治経済の通史とはまったく異なる角度から「所得倍増」に照明を当ててくれたからだ。

下村治の論文のうち、主要なものは『経済大国日本の選択』に収められているが、それ以外のものは大部分が絶版となっており、極めて入手しにくくなっている。そのため論文が掲載された雑誌のバック・ナンバーなどを集めていたのだが、やがてひとつの奇妙な事実に気がつくようになった。これほど多くの文章を書いている人物に、自らの来歴を語ったりする文章や身辺雑記風の文章がほとんどないのだ。いわゆるエッセイと呼ばれるものがひとつも見当たらない。それはやがて、『葉隠《はがくれ》』で有名な佐賀の士族の出である下村の、独特のダンディズムによることが理解できてくるが、しかし丹念にその種の文章を探していると、やっと自分の「思い」について語っている短い文章を見つけることができた。その文章が載っているのが「進路」という雑誌だったのである。

雑誌「進路」は池田勇人の後援会組織宏池会《こうちかい》の機関誌である。やがて宏池会は池田派という政治家の集団、派閥の代名詞になるが、その発端は「池田勇人を一流の政治家にするためにあらゆる後援をする」ことが趣旨の個人的な後援会だった。だが、その機関誌である「進路」は、一個人の機関誌にとどまらず、文字通り日本の「進路」を決めていく上で大きな役割を果たすことになった。

「進路」は、一九五四年（昭和二十九年）五月に創刊され、二カ月だけ休んだほかは着実に月一回発行のペースが守られている。この種の雑誌にありがちな編集担当者の「飽き」もこなかったとみえ、それ以後一九六三年の十二月までの十年間に三度の別冊刊行を含めて百十五冊を発行した。たかだか六十頁足らずの、部数も少ないこの雑誌は、他のマスコミが「永遠の正論」談義にうつつを抜かしているとき、着実にひとつの時代を構想し、現実化させようとしていたのだ。

下村のその文章が載っていたのは、「進路」の実質的な終刊号である一九六三年の八月号だった。一九六三年八月といえば、第二次池田内閣も成立して三年目に入り、政権は安定している時期である。とりわけ雑誌を休刊しなくてはならない理由はない。だが、「進路」という雑誌に愛着を持ち、根気よく発行しつづけた人物が死んでしまったあと、その雑誌を出す情熱を持った者が誰もいなくなり、やがて自然に消えていったというだけなのだ。それ以降も三号出されるが、すでに予定されていたために出すといった気配の濃い、いわば終戦処理のようなものだった。その実質的な終刊号はまた、死んでしまった発行者への追悼の号でもあった。目次に大きく「田村敏雄追悼号」と刷られている。

田村敏雄は宏池会の事務局長であった。

追悼号の目次は、池田勇人、山際正道《やまぎわまさみち》、周東《すとう》英雄ら五人の弔詞、前尾繁三郎、黒金泰美《くろがねやすみ》、奥村綱雄、池本喜三夫、田中六助ら十二人の追悼文で埋っている。下村治の文章も「歴史における偶然」という題の追悼文であった。常にクールな文章しか書かない下村が、ここでは珍しく感情の昂《たかぶ》りを抑え切れないような筆致になっている。

《池田内閣は、おそらく、歴史に大きな足跡を残すことになるにちがいないが、宏池会という団体は単なる派閥の団体であるかのように取扱われるかも知れず、まして、その代表者としての田村敏雄という名は、派閥の世話役として、世間の記憶から消え去ることになるかも知れない。

田村さん自身はそれで満足にちがいない。

しかし、池田内閣成立以来の政治の動きをふりかえって見て、事実はそれ以上であったということを否定することはできない。田村さん自身が政治を動かしたわけではないかもしれない。しかし、戦後の混沌とした政治の動きの中から、今日のような情勢が展開したのについては、宏池会の責任者が田村敏雄という人物であったという事実が大きな意味を持っているということを忘れてはならないと思う》

田村敏雄の本務は雑誌発行ではなく、池田とその派閥における金の管理だった。永く池田の秘書を務めた衆議院議員の登坂《とさか》重次郎によれば、池田は金にうるさかったという。「自分が大蔵省で税金を扱ってきたんで、身内に金をごまかされるのをとてもいやがってね」

その池田が金の管理をすべて田村に委《ゆだ》ねた。田中角栄における佐藤昭《あき》のような立場だったと想像される。池田にとって幸いだったのは、田村が本務より、余技であるべき雑誌発行に情熱を傾けたことである。彼が出しつづけた「進路」の百十一冊には、日本という国、日本人というものへの熱い「思い」と「夢」がこめられている。

《「地上天国」などは、それを説いて人を集めている新興宗教の本部などにすら実際上はありはしないのだ。現実の世界、いわゆる自由陣営内の日本の現状は、大部分の人にとって、決して満足なものではない。不平と困難と矛盾といざこざが充ちみちている。しかし、共産革命の実現した国でも、決して地上天国ができているのではないのである。

地獄、修羅の大試練をへて何百万という血の粛正をやってても、その後に、天国や極楽は、そうたやすくはやってこないのが人類の宿命なのである。

だといって、世の中が加速度的にわるくなりつつある、世の終りも近いというのは、宗教家の方便説法だろう。人間は住みよいものにしようと努力しているし、その効果はあがりつつある。……社会の変化——革命は、マルクスやレーニンの説いた方式——いわゆる共産主義革命方式によってのみ行われるとは限らない。資本主義の成長発展変化が、どうやら、いわゆる帝国主義の崩壊という形でなくて、行われようとしている》

田村敏雄は、このような文章をすでに「進路」の一九五五年十一月号の「巻頭言」に記している。この見解には、その四年後の「所得倍増」へ至る発想の萌芽《ほうが》のようなものを認めることができる。池田の「勘」と下村の「理論」を結びつけたのは田村であり、彼の存在は単なる仲介者という域を超える重要なものだった。この三人の独特な結びつきの中から「所得倍増」は生み出されていったのである。池田が時代の〈子〉であり、下村がその〈眼〉であるなら、田村は時代への〈夢〉そのものであったかもしれない。

だが、池田、下村、田村という三人の人生の航跡が、吸い込まれるように一点で交わったのは、ある意味で彼らが共に「敗者」だったからである。

かつて吉田茂は、「ルーザー〈敗者〉」という言葉に独特な意味をこめて使ったことがある。吉田は『エンサイクロペディア・ブリタニカ』の補追年鑑の巻頭論文として"Japan's Decisive Century"を執筆したが、彼はその中で日本人を「グッド・ルーザー」、つまり「よき敗者」と呼んだのだ。

その論文は『日本を決定した百年』というタイトルで日本でも出版されているが、そこには次のように記されている。

《攘夷《じょうい》に失敗して西欧諸国の力を知った武士たちがあっさりと開国に踏み切ったように、戦争に敗れた日本人はその敵の美点を認めた。占領軍のすべてが正しいとは思わなかったが、アメリカやイギリスが概して立派な文明をもっていることを認めたのである。疑いもなく日本人は「GOOD・LOSER」(よき敗者)だったのである》

三人はまさに人生の「ルーザー」たちだった。共に、永く「敗者」としての立場に甘んじ、一度は自分自身の死を間近に見なくてはならなかった。

この三人が共有することになる、日本経済への底抜けのオプティミズムは、彼らが共に一度は自分自身の死を間近に見たことがあるということを考えるとき、ある種の「凄味《すごみ》」すら感じさせられる。

もし彼らのひとりが人生の「ルーザー」でなかったら……。歴史に「もし」は無用だと知りながら、その仮定にあえて答えてみたくなる。おそらくは三人が邂逅《かいこう》することもなく、だから「所得倍増」が生を受けることもなかったろう、と。

第四章

敗者としての池田勇人

1

池田勇人は、大蔵省という役所の中で永く敗れた男として存在しつづけた。それは他人ばかりでなく、自分でも認めざるをえない明瞭《めいりょう》な事実だった。

旧制の第一高等学校から東京帝国大学、そして高等文官試験を上位成績でパスする者がほとんどという中にあって、第五高等学校から京都帝国大学を経てきた池田は、傍流にならざるをえなかった。

当時、大蔵省の出世街道には三種の切符があるといわれた。鉄道の一等、二等、三等の切符が白、青、赤となっているのになぞらえ、白切符組、青切符組、赤切符組と呼ばれていた。早くからロンドン、ニューヨークといった海外に財務官として派遣される白切符組。地方の税務署長をさせられはするが早めに本省へ引き上げられる青切符組。そして、永く地方廻りをさせられ、悪くすると地方の出先機関の局長や税関長までということもありうる赤切符組。池田はその三等の赤切符組と見なされていた。同期の最本流は、第一高等学校から東京帝国大学法学部を圧倒的な優の数をひっさげて卒業してきた山際正道《やまぎわまさみち》だった。

彼らの一年後輩にあたる迫水久常《さこみずひさつね》は、池田とも庁舎の近くにあった三共製薬のパーラーへよくアイスクリームなどを食べに行く仲だったが、池田が自分たちの出世レースに「参加」しているとすら感じていなかったという。

「人は好《よ》いが、ただそれだけの奴と見なされていたと思う」

だが、大蔵省に入るまでの池田は、必ずしも同世代の若者に比べ恵まれていなかったということはない。広島の造り酒屋の一番末の息子として、一八九九年（明治三十二年）十二月に生まれた池田は、むしろ大切に育てられたといってよい。忠海《ただのうみ》中学から東京の第一高等学校への進学を狙《ねら》ったが、二度失敗して熊本の第五高等学校に廻されることになる。だがその五高でも、常に腹巻に百円札を入れ、同期の宮里興保や荒木万寿夫などを引き連れて酒を呑み歩き、授業をサボっては下宿で碁《ご》を打つ、という典型的な旧制高校生活を愉《たの》しむことができた。荒木の記憶によれば、授業をサボっているにもかかわらず試験のヤマを当てる勘は異常に鋭かったという。

旧制の五高を卒業する際、池田は遊び友達の宮里に「いままでお互いによく遊んだけれども、大学に入ったら高文を受けるのだから、勉強しなけりゃならない」と宣言し、事実、京都帝国大学の法学部に進んでからは、ほとんど呑み歩くこともなくなった。それには、大学こそはと東京帝国大学への進学を望んだが果さず、父母や兄の期待を裏切ってしまったという負い目もあったのかもしれない。しかし、大学での勉学が実を結んだのか、望み通り高等文官試験にパスし、一九二五年（大正十四年）大蔵省に入ることができた。

池田は二年後の一九二七年（昭和二年）、函館の税務署長として地方廻りを始めた。その二年後に宇都宮税務署長となる。ここで彼は決定的に出世レースからはじき飛ばされるほどの不運に遭《あ》う。「落葉性天疱瘡《てんぽうそう》」という「世界に三人とか」の奇病にかかってしまうのだ。天然痘《てんねんとう》によく似た皮膚病で全身に瘡蓋《かさぶた》ができ、瘡が落ちると膿《うみ》と血が出る。全身をさいなむような痒《かゆ》さが数分おきに襲う。「これが治ったら奇蹟《きせき》だ」と東京帝国大学医学部の医学博士がサジを投げたといわれる。しばらくは病院に入院していたが、その後は妻の実家があった麻布材木町で闘病生活を続けた。

池田の妻の直子は、明治維新の元勲である広沢真臣《さねおみ》の孫であり、池田の地元の政治家望月圭介の秘書官をしていた宮沢裕《ゆたか》の仲立ちで見合い結婚が成立していた。この宮沢裕が、のちに池田のブレーンとなる宮沢喜一の父である。

伯爵家で育った妻の直子は、いわゆる「深窓の令嬢」だったが、献身的に看病したという。しかし、池田の病状はいっこうによくなっていかない。

《五年間、臥《ね》たまま、非常な苦しみを味はひ、もう死にたいと思つたことも何回かある。しかし人間といふものは、なかなか死ねるものではない》

のちに池田は、「大蔵大臣はつらい」というエッセイの中で回想している。

全身包帯し、痒さのあまり泣く姿を、見舞いに行った五高時代の友人の宮里などは目撃している。

池田は「死ね」なかったが、闘病二年目に妻の直子が急死した。看病づかれによる狭心症が死因だった。一説によれば、あまりにも疲労が続き、眠れなくなってしまったため、睡眠薬を多用するようになったことの結果だったともいう。いずれにしても、その衝撃は病床の池田を再起不能にさせるほど深く大きかったはずである。およそ文学と名のつくものに触れたことがないのではないか、と評論家の阿部真之助に揶揄《やゆ》されている池田が、このときは妻のために私家版の追想集を出したりしているからだ。

《医薬の療法なく、殆《ほとん》ど絶望と診断された私を、一年有余寝食を忘れて死の直前まで看護してくれ、遅々として快方に進まざる容態を、十年後、十五年後先には、是非全快させて見せますと、私を励ましてくれた彼女の貞節と忍耐強さには、敬服の外なく「忍ぶ草」と名づけました。

忽然《こつぜん》として逝《ゆ》いた妻を偲《しの》びつつ　　　　病床にて　勇人》

妻の死後、やむなく故郷の広島へ母親に伴われて帰った。医者に同行してもらい東京駅までタンカで運ばれ、そのまま寝台車で広島へ向かわねばならなかった。そのとき、五高時代の友人である下村弥一と春山定は、二人で申し合わせて大阪駅で池田を励まそうと出向いた。下村は、自称男前の池田のあまりにも変わり果てた姿を見て、思わず「おまえが池田か」と口走ってしまった。下村はそのことをすぐ忘れてしまったが、池田はいつまでもその言葉を記憶していた。

故郷に帰ってもよくならない。塩気のある物を食べると汗をかき、汗によって痒くなる。しかし、母親の強い意志によって、一家を挙げて池田の治療に専念する。その柱は、塩分を断つことと生野菜の徹底した摂取による食餌《しよくじ》療法だった。

池田が述べている。

《昭和七年の二月だつたか、理研から無塩醬油なるものが売出された。これは今でも腎臓病の患者などが使ふもので、塩分を含まない醬油である。これを手に入れた時は実に嬉《うれ》しくて、天にも昇るほどの気持ちになつた》

発病して五年目、一九三四年（昭和九年）になって、初めて風呂に入ることができた。すると、瘡蓋が少し落ちた。

《手の指の先が一番初めに取れたが、そこに現はれた皮膚の色を見た時、思はず嬉し涙が出た》

ほんの少しよくなりかかったとき、弘法大師の夢を見たという母親の誘いで、瀬戸内海に浮かぶ伊予大島の新四国八十八カ所の札所《ふだしよ》巡りに出た。巡礼には草鞋《わらじ》を履《は》く。しかし、皮膚が爛《ただ》れているためきちんと履けない。そこで、足にしばりつけて歩いたという。

その霊験があったのか、一週間ほどの巡礼から帰ってくると、さらに瘡蓋が落ちた。やがて、全身に油をぬり包帯をしていたものが、セル地の着物を着られるまでになった。

《私は病気によつてあらゆるものを失つた。家内も亡くし、地位も失つた。休職期間は二年だから、五年間寝てゐる間に、大蔵省との縁は切れた。治つたら民間会社にでも入つて再起しやうと思つてゐたが、たまたま先輩から帰つてこいと言はれて、非常に低い地位で復活した。それから私は一心に勉強したのである》

池田は病気で多くのものを失ったが、逆に得たものがなかったわけではない。ひとつは深い信仰心。特定の信仰を持ったわけではないが、それ以後、朝起きると東の方に向かって柏手《かしわで》を打つことを自ら日課とした。のちに宮沢喜一が「どうもあなたの正直は、ただの正直とは思えない。札所を廻ったとき、もし治ったら一生自分は嘘をつかないという願をかけたんじゃありませんか」と訊ねると、池田は「その通りだ」とボソッとした声で答えたという。

それは、総理大臣になった直後に「週刊朝日」誌上で行なわれた対談でも、池田自身の口から語られている。対談の相手は「暮しの手帖」編集長の花森安治《はなもりやすじ》だった。

「わたしは病気した関係で、神、仏を信じます。やはりね、教会へいくとか神前でかしわ手をうつ、これは一つの反省ですからね」

そういってから、およそ縁のなさそうな『聖書』の一節を引用してこう語ってすらいるのだ。

「聖書の文句ですか、苦しむ者は幸いなり、神を知るを得ればなり。みんながそうなるわけにもいかんかもわからんけれども、心のよりどころというものは、もつ必要がありますね」

しかし、実は、このような言葉は『新約聖書』にも『旧約聖書』にも存在しない。いかにも、「マタイ福音書」の「山上の垂訓」にありそうな言葉だが、確かめてみるとどれにも当てはまらない。あえていくらかでも似たものを探すとすれば、『旧約聖書』の「ヨブ記」にある次の言葉だろう。

「神は苦しむ者をその苦しみによって救い、彼らの耳を逆境によって開かれる」

だが、苦しむ者は幸いなのだ、なぜなら神と出会うことができるから、という池田の言葉とは異なっている。つまり、池田が『聖書』の言葉として引用しているのは、苦しみの果てに、自らが造ってしまった言葉だったのだ。

病気の中から得た二つ目のものは、甘やかされて育った彼にはなかった「粘り」のようなものである。どんな困難も「あの天疱瘡のときに比べれば……」と思えるようになったからである。

だが、なんといっても病気で得た最大のものは新しい妻だったろう。すべてに見捨てられかかった池田を、故郷で懸命に看病してくれた娘がいた。血のつながっていない遠縁の娘で、池田のことを「お兄さん」と呼び、膿にまみれた包帯の取り替えから食事の世話まで、これまた献身的に尽くしてくれた。池田は、亡妻の実家に気兼ねする周囲の猛反対を押し切って、満枝という名のその娘と一緒になった。しかし、満枝との間に初めての子供が生まれると、その女児に直子という名をつけた。満枝もそれには反対しなかったという。直子は前妻の名であった。さらに、その直子が学齢期に達すると、学習院に進学させた。前妻の直子が通った学校だったからだ。池田には、前妻の直子が自分の「身代わり」になってくれたという強い思いがあったようなのだ。

この「天疱瘡」という病気について、池田はいつまでも複雑な思いを抱きつづけたようだ。その病名は二度と耳にしたくないといったり、絶対に忘れられない病名だといったりした。その二つは、永く苦しんだ病気に対する、同じ気持の両面でもあったのだろう。

のちに広島で衆議院選挙に立候補したとき、地元後援会のひとりが財政問題ばかり取り上げる池田の演説を聞いて、こう話しかけたという。

「どうも財政経済の話は、聞くときはわかるようですが、すぐ忘れますね」

すると、池田はこう応じた。

「いや、それは私が医学の話を聞くときと同じですよ。ただし、ペンフィーグスという言葉は一生忘れないね」

ペンフィーグスとは何のことかと訊ねると、天疱瘡のことだと答えたという。

2

大蔵省に復職したのは一九三四年（昭和九年）、池田はすでに三十四歳になっていた。

池田が大蔵省に戻ることができた経緯についてはいくつかの説がある。上京し、三越で買物をしようと店内に入ると、大蔵省の先輩と偶然に会った。いま何をしているのかという話になり、事情を説明すると、大蔵省に戻ってくるよう強く勧められた。あるいは、三越から大蔵省へ電話をかけると、主税局関税課長の谷口恒二が出てきて「死んだと思っていたのに生きていたのか。大蔵省に寄れよ」といった。結局、彼らの世話で復職できたという説もある。あるいは税務署の小使いでもいいから復職させてくれと頼みに行ったのだ、という人もいる。いずれにしても、彼が大蔵省に戻れたことは幸運であり、彼には戻れたことで充分だったに違いない。出世することをまったく放棄したわけではなかったが、その望みはつつましいものだった。

翌一九三五年、池田は玉造《たまつくり》税務署長となって赴任する。その直後、和歌山に出張して、同じく肋膜《ろくまく》炎で出世の遅れていた和歌山税務署長、前尾繁三郎と親しくなる。池田は四年後輩のその前尾に「君は主税局長になれ、ぼくが国税課長をやるから」といったという。大蔵省内においては、玉造税務署は和歌山税務署より格が下だったのだ。

池田と前尾がこれほど親しくなったのは不思議だ、と友人の多くが思うほど二人のタイプは異なっていた。共通点は、二人とも酒が好きなことと、大蔵省においては三等の赤切符組だったということである。しかし、なにより、知り合ったのが、共に大病をして大蔵省に復職した直後だったということが大きかったと思われる。以後、彼らはまさに「形影相伴う《けいえいあいともな》」という言葉通りの人生を歩んでいく。二人は、東京に戻ると、共に世《せ》田谷《たがや》の松原に居を構え、頻繁に往来することになる。二軒の家は百メートルと離れていなかったという。

一九四八年(昭和二十三年)には大蔵省を辞し、それぞれの地元から総選挙に打って出て、共に当選する。やがて、池田の周囲に池田派というような議員集団ができてくると、前尾はその「代貸し」のような役割を引き受けることになる。さらに、池田が自民党の総裁となり、池田内閣が成立すると、翌年からは自民党の幹事長として党内を仕切ることになる。

その前尾は晩婚だった。三十五歳まで独身だったが、大蔵省の部下たちが「部長が独身だとどうも仕事がやりにくい」というので、本人によれば「仕方なく」結婚する。しかし、そのとき、前尾は妻となる人の家でこう宣言したのだという。自分は病気をしているし、いつ倒れるかわからない。だから、結婚式は家族だけの内輪なものにさせてほしいし、新婚旅行などをするつもりもない。ただし、幸いにも結婚を長く続けることができ、銀婚の二十五年を迎えられたら、銀婚式とその記念の旅行は立派なものにするから了解してほしい。

一九六三年(昭和三十八年)、前尾はその約束を守り、十月十五日の結婚記念日に帝国ホテルで盛大に銀婚式のパーティーを催した。その年は、すでに池田内閣が成立して三年目に当たり、前尾自身も自民党の幹事長に三期連続して選ばれているという時期だった。

その銀婚式のパーティーに、当然のことながら主賓《しゅひん》として招かれた総理大臣の池田は、同じ時代を共に歩んできた友人としての、心のこもった長い挨拶《あいさつ》をした。

宏池会にはそのときの速記録が残されているが、それを読んでみると、池田がその致命的とも思える放言癖にもかかわらずなぜ許されてきたのか、また、一癖も二癖もありそうな人材がどうして周囲に多く集まってきて離れなかったのか理由の一端がわかる。いやそれ以上に、細切《こまぎ》れのエピソードからはうかがうことのできない、池田勇人という人物の全体像がくっきりと浮かび上がってくる。少し長くなるが、その始めから終りまでを引いてみよう。

池田は、前尾の味のあるスピーチを受けて、こう話しはじめる。

——御指名をいただきましたので、お許しを得まして、ひとことお祝いを申し上げたいと存じます。

前尾君を評していわく、暗闇《くらやみ》の牛だ、訥弁《とつべん》で何を言っているかわからないが芯《しん》は強いようだ、というのが定評でございますが、二十五年という天の時を賜《たまわ》り、皆さんのような方をお友達に持つ地の利を得、そうして夫婦ひじょうに仲がよい人の和によって、あの「暗闇の牛」が、今日はかくも雄弁に挨拶ができたものと思うのでありますす（笑）。本当に雄弁でした。あれだけの挨拶をする前尾君と私は思わなかったが、やはり天の時、地の利、人の和があった結果だと思います。

私は、今日はいろいろな仕事を早く終わって、前尾君の銀婚式だから、女房と二人で行こうと思って帰りました。机の上に、十一月号の「文藝春秋」がちょうど開いてありました。各代議士の批評が書いてある。前尾君の分を見ようと思ったら、党内では「幹事長三選」、寸評として「池田首相とは『おい、おまえ』という仲だ」とこう書いてありました。「おい、おまえ」という間柄だと人は言いますが、私と前尾君とは「おい、おまえ」とも言ってくれないほどの間柄でございます。「うん、うん」「ああ、ああ」、これで済むわけであります（笑）。「おい、おまえ」の間柄よりも、もっと牛に近いような間柄でございます。私も決してスマートではございません（笑）。

こういう関係になりましたのは、いまから三十年近く前でございます。皆さん御承知の通り、私は大変な病気をいたしまして、昭和五年から大蔵省を休みました。前尾君はと言いますと、昭和四年に大蔵省に入って、昭和六年に休んで、そうして私と同じように昭和七年に文官分限令によって休職になりました。前尾君は、その後、病気が治って、昭和九年の夏に復職して和歌山税務署長になったのであります。私は、昭和九年の十二月二十八日に、五年間の病気から治りまして、辞令を十二月二十八日にもらいました。そうして昭和十年の一月に私は家内を迎えて、再起の格好で大阪の玉造の税務署長に赴任したのが、昭和十年の一月十日でございます。御承知の通り、玉造には住江《すみのえ》織物その他の織物会社や緞通《だんつう》会社が相当ございました。税務署長が来たのだからというので、新年宴会と歓迎会を兼ねて、和歌山で十年の一月十日に宴会をしてくれたわけでございます。前尾君が和歌山におろうとは知りません。一面識もありません。病気したということも知りませんが、前尾君は後輩ですから私の病気したことを知っておったのでしょう。宴会が始まる前にそっとやって来まして、

「池田さんはあなたですか」

「さようでございます」

「私も病気して、先だって復職してまいりました。宴会を早く切り上げてどこかへ

行きましょうか」

と言うから、俺は呑めぬけれど、まあ君と同じ立場ならひとつお相手しようか、と言ったのが、昭和十年の一月十日の晩の和歌山の、名前は知りませんが、待合か小料理屋かへ行ったのが縁の始まりでございまして、それからは、何と申しますか、影の形に添うごとく本当に長いあいだ仲良くしてまいりました。

今日も来掛《きが》けに、女房に前尾について何か話をすることがあるかといったら、二人とも旧市内で呑んだあと、松原町の道を右へ行ったら前尾の家、左に行ったら池田の家だが、「どっちでもいい、足のまにまに」といって夜明かしで呑むことが多かった、とこういうのであります。そういう相性でございますが、御覧の通り、前尾と私の性格はそうとう違っております。右と左くらい――まあ、自民党と社会党ほどには違っておりませんが（笑）――そうとう違っておりますが、先ほど言ったように、常にずっと一緒に歩いてきました。あるいは、いま話に出ました前尾君の名古屋の直税部長の時に、私は主税局の事務官で、名古屋に行って悪いこともしましたし、東海道膝栗毛《ひざくりげ》などと言って蒲郡《がまごおり》から興津《おきつ》、そして修善寺《しゅぜんじ》、熱海と二人で呑み歩いたこともございます。ひどかったのは、今も思い出すのですが、名古屋に出張いたしましても、前尾が独身でおる下宿へ泊まります。あの太い体で、暑苦しいのが、夜一緒に寝ようと言って（笑）――まあ結婚しておりましたから何でしたが

――とにかくひどい男でございました（笑）。

今も南方のマカッサルの話が出ました。私はそのころ東京の財務局長でございましたが、マカッサルに電話を掛けたのが昭和十九年の戦争たけなわの時であります。自分の電話ではとうてい通じないと思って、今の国税局の部屋に行きまして、

「早く帰ってこい、いま国税第二課長が欠員になるからどうしても帰ってこい」

「いや、ジャカルタに行ってから帰ろう」

「そんなことをしてはだめだ、他の人に発令になってはいかんから早く帰ってこい」

と言ったのですが、この間、ジャカルタに行った時に、ああ、前尾はこの町を見たかったのかなと思いましたが、そういう状態で帰ってきた。だから、三十年の間に別れておったのは戦争中のマカッサルの二年、じゃございません、一年八カ月だけでございます。それだけ別れておりましたが、あとはずっと初めの税務署長時代から彼が主税局長になるまで、一年八カ月机を並べていなかったというだけでございます。本当に長い付き合いをさせていただきました。これは前尾君の人柄と同時に奥さんの人柄です。私はこの機会に、そしてまた前尾君夫婦のみならず、親戚《しんせき》、ことに奥さんの御実家の塩崎さん御夫婦には、前尾君に次いでわれわれ夫婦が可愛がられておるという間柄でございます。本当に今日という日を迎えることは、前尾

君夫婦はもちろんでございますが、塩崎さん御夫婦、次いでわれわれ夫婦、また皆様方も同じ喜びであると思うのであります。

本当に前尾という男は立派な男——立派だけじゃございません、不思議な男でございます。今日は前尾に何か言うことがないかと新聞記者上がりの秘書官に言ったら「七不思議」というのを書いてきました。いろいろありますが、そのうちでひとつかふたつ申し上げましょう。官僚であって官僚臭い政治家ではない、これも不思議だということ。あるいは二十五年も一緒におって子供ができないのも不思議だ（笑）。私が三番目に申し上げたいことは、非常に酒呑みで大食家でございますが、それ以上に彼は読書家です。江戸川アパートの四階に住んでおりました。私もそこへ行って子供の作り方を教えてやろうというので、だいぶやったのでありますが、本がたくさんあってあまり作り方が教えられない（笑）。しかるところ、今度は一階の方にまた部屋を持ちました。非常な読書家であります。とにかく家いっぱい本です。酒を呑み、ものを食う人はあまり読書をいたしませんが、彼は不思議な男で、酒を呑んで、ものを食うて、本当によく本を読む男でございます。四番目が、あの図体《ずうたい》であの面《つら》で、本当に小唄《こうた》をやり三味線《しゃみせん》を弾《ひ》き、踊りを踊ると大したものでございます（笑）。これは不思議ではございません。踊りから私は知りまして、そうして三味は最近、小唄は大したものらしゅうございます。一高時代に宮津へ帰る金がなくて、そうして友達から焼芋代を借りて夏休みになっても一高の寮におったという男でございますから、金には縁のない男なんですが、しかし五番目の不思議は、これは秘書官のこさえた「七不思議」にはありませんが、無欲恬淡《てんたん》ですけれども金を集めることは上手です（笑）。総裁は何も心配いりません。これは不思議な男でございます。

いろいろ申し上げるとたくさんございますが、いちばん不思議なのは「幹事長三選」ということで、これは政党の歴史にございますまい。そうして幹事長が総裁のところへほとんど来ないということも、これは不思議なんです（笑）。滅多に来たことがございません。本当に来たことがない。見てごらんなさい、前尾君が総裁のところに行ったというのは年に一ぺんか二へんじゃございますまいか。改造の時にちょっと来るくらいであとはいっさい来ない。これもやっぱり大変な不思議のうちでございます。しかし、私が考えますのに、前尾という男は人間離れしております。「七不思議」とか「八不思議」どころじゃありません。全部が不思議な男でございます。私はこの不思議な男を摑《つか》まえまして――どっちが摑まえたのか知りませんが――とにかくわれわれは、お互い秀才街道を行く大蔵省のうちで、彼も私も赤切符でございます。同級生からはそうとう遅れております。まあ遅れたためによかったのかもわかりません。しかし、素面《しらふ》の時には言いませんが、酔うと、「池田、おい、おまえと俺の時代を作ってみよう」というのが、二十年、二十五年前の二人の酔った時の言葉でした。おかげさまで前尾・池田時代とは申しませんが、前尾君が三選せられ、私がまあ約三年余りを務めさせていただいたことは、われわれが抱きついて「前尾・池田時代！」と言った、あの三十年、二十五年前のことじゃございますまいか。

ここに不思議でないことがひとつあります。彼は結婚式の晩に新婚旅行にも行かず呑み歩いて、いまお話しにあるとおりでございます。しかし彼のよさは、二十五年経ってそれを罪滅ぼしした、彼の信念の強さでございます。私は、いまお話しになりましたが、進駐軍が前尾主税局長をやめさせてどこかへ出せと言った時に大蔵次官でございました。「前尾、仕方がない、行ってくれ、そのうち二人でやろう」というので、昭和二十四年に、彼は京都第二区、私は広島第二区から立ったのであります。本当におかげでございました。彼が今日あるのは、彼の人柄も力もさることながら、やはり奥さんのおかげでございます。ワンマンとか旧憲法の時代とか――私以上に前尾君はワンマンでございますが、まあ今日のこの盛大な銀婚式は、これで前尾君は奥さんに対する罪滅ぼしができたと思います。私はまだ罪滅ぼしをするほど女房を痛めておりませんからいいのでございますが（笑）、まあ前尾は本当に今日罪滅ぼしをして、そしてまたこれから栄《は》えある前進を続けることでございましょう。
三十年、誰にも勝るこの付き合いをしてきた私は、前尾夫婦、御両親に次いで喜びに堪《た》えません。私は思い出します。「友の憂いに吾《われ》は泣く」と言いますが、前尾君は憂いをひとつも私にかけたことはない。私は泣いたことはない。しかし、「吾が喜びに友は舞う」というのは間違いで、池田の喜びに前尾は常に泣いて下積みでやってくれておる（拍手）。「友の憂いに吾は泣く」。私は友の憂いに泣いたことはございませんが、吾が喜びに友は泣いているという、本当に感謝の気持をここに披《ひ》瀝《れき》しまして、御挨拶といたします（拍手）。

ここで前尾との付き合いの詳細が述べられているのは当然としても、自分の来歴や当時の心境もさりげなく語られている。病気のこと、赤切符組だったこと、再婚のこと、復職のこと。そして、印象的なのは、前尾との付き合いが、二人にとってどこか「第二の青春」とでも言うべきものではなかったかと感じられるほど生き生きとしていることだ。

またこの挨拶の中には、池田の数字に対する嗜好《しこう》といったものと別に、思いがけないユーモアの存在が見て取れる。話は決して上手ではないが、聞いている者の気持を明るくさせるものがある。そしてなにより儀礼を超えた情の存在が見てとれる。

ここには、池田の人心収攬《しゅうらん》術の核心が秘められているのかもしれない。いや、当人には人心を「収攬」しようなどという思いはないのだろうが、巧まずして人の心を捉《とら》えることになる能力の存在が示されている。おそらく、将たる者は人に好かれるだけでは足りない。人を好きになる能力が必要なのだ。この挨拶の中には、池田の人を好きになる能力といったものがはっきりと映し出されている。

3

大蔵省に復帰した池田は税についてよく勉強したといわれる。熊本税務監督局直税部長から東京税務監督局直税部長へ、そして一九三九年（昭和十四年）にようやく本省の課長になることができた。主税局経理課長になった池田は毎夜十時過ぎまで残業し、一歩でも遅れを取り戻そうと必死の努力をした。だが主税局の重要会議には参加させてもらえず、彼だけひとりポツンと取り残されるというような時期がしばらく続く。

父親を通じての池田の強い勧めで大蔵省に入った宮沢喜一は、直属の上司だった森永貞一郎に「君はどうして池田さんに保証人を頼んだのですか」と訊ねられたほどだった。そのとき、宮沢には池田の置かれている省内での立場が初めてわかった。つまり、「将来のある人ではないんだな」と。

しかし、一九四一年（昭和十六年）には、池田が「なることができたらそこで役人をやめてもいい」とまでいっていた主税局国税課長になることができた。

その内示を受けると、池田は前尾のところに「なった、なった」と大喜びで電話をかけてきたという。そして、その喜び方は、大蔵大臣になったときより、総理大臣になったときより大きく深いものだったという。

やがて敗戦の日を迎えることになると、その直後に大蔵省では珍しい辞令が発せられた。

「池田勇人　大蔵省清掃臨時査察主任ヲ命ズ」

もちろんこれは「臨時」のものであるが、日本の再出発に際して省の建物を綺麗《きれい》にし、心機一転、気分も新たに仕事に取り組もう、という主旨のこの辞令が、主税局長になっていた池田に発せられたことは、その後の大蔵省を象徴していたともいえる。

もっとも、宮沢喜一によれば、その清掃が終らないうちに、GHQから「大蔵省の建物を接収するので五十時間以内に立ち退《の》け」という命令が出たという。池田自身が自分の名で発表している「霞ヶ関脱出の記」なる文章では、「七十二時間以内に現状を少しも変更せずに明け渡せ」という命令を受けたことになっているが、いずれにしても追い立てられるように出ていかなければならなかったことだけは確かなようだ。

物資のない時代である。現状を変えるな、つまり什器《じゅうき》備品類の持ち出しはならないというお達しだが、それに従っていては明日からの仕事もままならない。そこで、池田らの陣頭指揮のもと、大臣室のマホガニーの机や椅子、また会議用のテーブル掛けなどを、夜陰に乗じてトラックで運び出すことにした。ところが、大蔵省を出たところで、アメリカの憲兵に捕まって戻ることを命じられた。しかし、これをみすみす「敵」に渡すわけにはいかないと、再度「決死隊」が運び出したが、また憲兵に捕まってしまった。ところが、今度の憲兵は日系の二世だった。彼が見て見ぬふりをしてくれたおかげで、何とか運び出すことができたという。

このスラプスティック喜劇のような出来事を除くと、敗戦前後の池田にはさして挿話らしい挿話は残されていない。

ただ、林房雄の『随筆池田勇人』の中に、前尾繁三郎の談話として、二つの印象的な事実が書き留められている。

ひとつは、もし戦争に負けたら、官吏などやめてしまい、地下に潜って抵抗運動をやらなくてはならないと、池田と本気で話し合っていたということであり、もうひとつは、実際に天皇の「終戦の詔勅」が発せられると、池田らと皇居前に行き《「官吏の責務を果し得なかったこと」を天皇におわび申上げた》ということだ。

このことが物語っているのは、池田や前尾が、いわゆる「庶民」と同じレヴェルの情報しか持っていなかったらしいということと、やはり彼らも「国のため」という意識を強く持っていたということである。彼らは「官吏の責務を果し得なかったこと」を天皇に対して謝罪しているが、それは国というものの象徴としての天皇だったように思えるからだ。

不思議なことに、池田は敗戦をほとんど無傷でくぐり抜けたかのように見える。

だが、敗戦は池田の敗者としての運命を変えた。それまでマイナス札にすぎなかったものが、一挙にプラスに転化した。出世が遅れたことで、後輩たちに親しみを持たれ、いつの間にか彼の周囲には多くの人が集まるようになっていた。税務畑を専門に歩いて来たため、多くの産業指導者と知己になることができていた。しかし、出世が遅れ税務畑を専門に歩いたことが決定的なプラスに変わったのは、公職追放の嵐《あらし》が大蔵官僚のもとにも吹き及んだときだった。嵐がやんだ後で、気がついてみると、彼の前を走っていた秀才たちはすべて消えていたのだ。大蔵大臣だった賀屋興宣《かやおきのり》はもちろん、事務次官だった同期の山際正道も、銀行局長だった迫水久常も追放されてしまった。いまや池田が大蔵省における出世レースの先頭の走者だった。そして、一九四七年(昭和二十二年)、石橋湛山《たんざん》が大蔵大臣のとき、大蔵官僚としての最高位である事務次官になった。

しかし、この時点においても、依然として、池田については「税の専門家」として以上の評価はなかったはずだった。宮沢も語っているように、「省内では、税以外の幅の広いことがやれるような人材としては扱われていなかった」のだ。それだけに運がよかったといえるものだった。

池田自身も先に引用した花森との対談で、こう述べている。

「運も相当ありましょうね。少なくとも、ぼくは運が相当あったでしょう」

事務次官を一年務めたあとで、事務次官会議で親しくなった佐藤栄作などの勧めもあって、第二十四回総選挙に広島から打って出る。

その池田の政界入りについては、宮沢はさほど意外ではなかったという。戦時中、池田は東京税務監督局で直税部長を務めていたことがある。その部署には、不足しがちな酒の配給権があった。池田は、自分のところにその切符を貰《もら》いにくる人があると、適当に「取捨選択」して渡していたが、その選択の基準に極めて政治的なものを感じていた。つまり、この人は将来自分の役に立ちそうか否かということを基準にしていたような気がする、と宮沢はいうのだ。

初の選挙でトップ当選を果たし、第三次吉田内閣で大蔵大臣の座まで手に入れてしまう。池田が大蔵大臣になれたのも、東京直税部長時代に根津嘉一郎の遺産相続の税金問題から接触した、当時の「財界総理」宮島清次郎とその周辺、たとえば桜田武などが吉田に強く推したからだといわれている。宮島は吉田の最大の資金パイプを握っていた。やがて、やはり追放された戦前の財界主流に代わって、宮島の生徒たちが財界の中枢に位置するようになる。彼らが池田を支持しつづけたことが、「財界に強い池田」のイメージを定着させることになった。

第五章

敗者としての田村敏雄

1

敗戦によって人生の道筋が激変したのは池田勇人ばかりではなかった。田村敏雄もまた大きな変更を迫られたひとりだった。彼の場合は、池田と異なり、一夜にしてすべてがマイナス札になるという悲運に遭《あ》う。壮年期のすべてをかけて打ち込んでいた満州国建設が挫折《ざせつ》し、そればかりでなくロシア軍の手により捕虜としてシベリアに抑留され、五年間の強制労働に就《つ》かせられた。

一九五〇年（昭和二十五年）、永い抑留生活を終え、舞鶴に帰国第一歩を踏み出した田村の眼に、まず飛び込んできたのは久し振りに見る日本の新聞の「池田蔵相」という四文字だった。まさか、と彼は思った。まさか、あの池田勇人ではあるまい。池田が大蔵大臣になれるわけがない……。

田村はかつて大蔵省の官吏だった。しかも池田と同期の一九二五年（大正十四年）入省組である。東京高等師範から東京帝国大学の経済に転じた彼は、池田と同じく三等の赤切符組だった。池田が函館の税務署長になったとき、田村も山形の税務署長となり、池田が宇都宮の署長になったとき、仙台の署長となった。まったく同じようなコースを辿《たど》った二人だった。しかし、二人の運命を分けたのは、その直後に、一方が奇病を患ったのに対し、他方がひとつの夢を抱いて満州に渡ったという、ただそれだけの偶然によっている。

一九三一年（昭和六年）に勃発《ぼっぱつ》した満州事変の後、日本の主導のもとに満州国が建国されたが、国を運営していく上に必要な官吏の絶対数が不足した。とりわけ日本の大蔵省にあたる財政部に能吏がいない。そこで、不足している九つのポストに大蔵省から出向させることになった。のちに東条英機らと「二キ三スケ」と称されることになる国有財産課長の星野直樹が中心になり、人選が進められた。その要員のひとりとして田村は仙台から本省に呼び出された。大蔵省に出向くと、当時国税課長をしており、大蔵省の三羽烏《さんばがらす》のひとりといわれていた石渡荘太郎《いしわたそうたろう》が、いきなりいった。

「おまえ、満州に行け」

「私は大将次第で行きますよ。それから生意気ですが、いっておきますが、何かおまえは役に立たないから、カスは植民地落としだということなら御免こうむる」

田村が答えると、石渡はさらにこういった。

「そうじゃない、大将がいいのだよ。それから生きのいいのが行くのだから、おまえ行け」

田村はその大将の星野直樹に率いられ、一九三二年七月に満州に向かった。

もし池田がこのとき病気をしていなかったら、あるいは田村らと満州に渡っていたかもしれない。それは根拠のない仮定ではない。一九三九年（昭和十四年）頃、その満州組のひとりで満州国政府に大きな力を持っていた古海《ふるみ》忠之が、所用で帰国した折に池田は会いに行っている。古海によれば、そのとき池田は「満州に呼んでくれないか」と頼んだという。経理課長になる前でもあり、自分の出世の遅れに少し嫌気がさしていたのかもしれない。「いいポストを空《あ》けて待っていよう」と古海は答え、池田自身も満州に渡るつもりでいた。花森安治との対談の中では、「そこでね、下積みになっとってもしようがない、満州へ来ないか、なんていうこともあったんですけれども」と語っている。だが、この満州行きは母親の反対で断念せざるをえなかった。「死に水も取れないほど遠い所に行くのはやめておくれ」というのだった。このとき池田が満州に行っていれば、戦後における池田事務次官はなく、池田大蔵大臣もなく、もちろん池田総理大臣もありえなかった。

「母親の勘というものはすごいものね」

池田の二番目の妻である満枝は、いまでもある驚きの念をもって思い返すことがある。

田村が一九五〇年に帰国し、新聞の「池田蔵相」に驚いたのも無理はなかった。「池田蔵相」は「田村蔵相」と同じようにありえるはずもないことだったからだ。

田村が満州に渡ったのはなぜか。理由のひとつは、大蔵省での未来に見切りをつけたからだろう。しかし、必ずしもそれだけではなかった。彼には彼なりの満州国に対する夢があった。そのことは彼の大蔵省入省までの履歴と深く関《かか》わっているのだろうが、いまはそれを克明に語りうる人はほとんど残っていない。わずかに残っているひとりである山路富士男の話から、その一部を断片的に知りうるばかりだ。

2

——私の父は、京都の師範学校を出て、すぐに丹波の小学校へ赴任したといいます。そのときの教え子に神童のような生徒がいたんだそうです。父の持っていたカントやヘーゲルの哲学書を読んでしまう。これには父も驚いたそうですが、それが田村敏雄さんでした。そんな評判が伝わったのか、田村さんが上の学校に行くときは京都の素封家《そほうか》が援助したそうです。田村家はかなりの田畑を持つ大きな農家だったようですが、父親が酒におぼれ、ついに没落したと聞いています。小学校を出たあとの田村さんは代用教員をやりながら中学卒業の資格を取り、師範の二部から東京の高等師範に進みました。高師に行ったのは経済的な理由が大きかったと思います。高師の文科乙組（修身・教育・

法制）を出ると、熊本で一年ほど教鞭《きょうべん》を取りましたが、これは高師を出た者の義務でした。その義務を済ませると再び東京帝大の文学部で社会学を学び、やがて経済に転じたのです。明治二十九年生まれですから、大正十四年に池田さんと同期に大蔵省入りしたときには、すでに二十八歳になっていたはずです。他の同期生としては山際正道さんや植木庚子郎《こうしろう》さんたちがいたと聞いています。

やがて星野さんたちと満州に渡り、税務から教育行政にたずさわり、大同学院の教授などもしたりしていました。その頃、満州建国の田村さんなりの理想を述べた論文集を発表しています。『満洲と満洲国』（有斐閣）、『満洲国ノ理念ト実体』（満洲帝国教育会）、『われら今何をなしつゝありや』（大日本法令出版）の三冊です。語学に堪能な人で英・独・仏・華なんでも達者でした。満州国の参事官としてドイツに派遣されることに決まっていたのですが、欧州が風雲急を告げ、結局中止になってしまいました。よほどショックだったらしく、本を読むことだけが趣味のような人が、珍しく釣りに精を出していました。

一方、私自身は勉強そっちのけでテニスをしておりましたが、大学を出ても日本に落ちつくのがつまらなく、父に頼みこんで田村さんへの紹介状を書いてもらったのです。ちょうど満州に水力電気建設局ができて、アメリカのボルダーダムに次ぐ世界第二位のダムを作る計画があり、私もそこで働かせてもらうことになりました。住まいは田村さんの家で一部屋もらって同居していましたから、ほとんど家族も同然の暮らしでした。
田村さんの周りではいつも勉強会とも雑談会ともつかないものが開かれていました。田村さんはそれに参加するすべての人にとって恐い存在でした。来る人、来る人、みな身を固くしてやってきましたね。気に入られればいいが、いったん嫌われると取りつくシマがないのです。いくつになっても本を読み、勉強することが好きな人でした。しかし、勉強一本槍《いっぽんやり》の生真面目《きまじめ》な人が、あるときこんなことをいったのを印象深く覚えています。誰かが「女房と畳は新しいのがいい」というと、珍しく田村さんが冗談に応じて、「うちに限っていえば古ければ古いほどいいな」といって皆を笑わせたのです。奥さんは才媛の誉《ほまれ》高い、本当に立派な方でした。日本が負けると、田村さんは浜江省の次長として終戦処理にあたられました。しかし、最後はハルビンで捕虜になり、シベリアに連行されるわけですが、残された奥さんは過労から病気になり、不幸な亡くなり方をしたと聞いております……。

田村がなぜ満州へ行き、どのような経緯からシベリアに抑留されることになったのか、ほとんど自ら語ることはなかった。ただ一度だけ、雑誌「進路」に満州への熱い思いのこもった文章を書いたことがある。一九五六年（昭和三十一年）、満蒙同胞援護会の事業のひとつとして、満洲国史編纂委員会の手になる『満洲国年表』が完成した。それを受けて、「見はてぬ夢のあと」というエッセイを書いたのだ。

そこで田村はほぼ次のように述べている。

満州国について、中国や欧米諸国が日本帝国主義のパペット・ガバメント、カイライ国家であるといっていることは充分に承知していた。日本人の中にもはっきりそういっていた人も少なくない。現に、一九三二年（昭和七年）に満州入りをしたとき、同行を勧めた友人のひとりは「日本帝国主義の手先となって軍部の手伝いをするのはいやだ」といって断わったくらいだった。まさに先見の明があったということになる。しかし、だからといって、当時の自分たちも満州が軍部のいうように「五族」の自発的決意で独立したなどと信じていたわけではない。そうではなく、当時の満州建国に打ち込んでいた人びとは、いわば「ひょうたんからコマ」を出そうと決意していたのだ。自分たちの満州建国の夢は、「五族協和」と「王道楽土」の合言葉を真心をもって実践しようというところにあった。結果はどうあれ、少なくとも主観的な意図についてはそういい切ることができると思う……。

そして、田村はこう書いている。

《形は侵略であり、征服であっても、精神はそうでない、いや、たとえ一部の精神はそうであっても、独立国とした以上、これをほんとの独立国、新しい意味と理想とをもった独立国にしたいと日夜心をくだき、努力をしたということは、夢破れた今日、やっぱり、ひょうたんからコマは出なかったと知ると共に、いっそう、当時のこころもちをなつかしみ、自らのはかなき努力をあわれむ気持がするのです》

田村が満州で行なっていた「はかなき努力」とはどういうものだったのか。

満州国が成立したのは一九三二年三月であり、田村が財政部税務司国税科長として満州国の首都新京に行ったのはその年の七月である。満州国の建国とほとんど時を同じくして日本を離れたことになる。その田村の満州における経歴については、告別式における古海忠之の「弔辞」に詳しい。

「最初、君は財政部税務司国税科長として紊乱《びんらん》した税制を建直し、厳正な徴税組織を作り上げ、満州国財政の基礎を固める大任を果たし、後には税務行政にいささかの渋滞不安も感じさせませんでした。当時治安状態が極めて悪かった豊庫東辺道を開発するため通化省を新設した際、君は初代省次長に選ばれ挺身《ていしん》その難局に当たり治安を回復し、満州産業の開発に大きな貢献をしたのでした。満州国の末期、北満の要衝《ようしょう》浜江省の次長として手腕を振るい、大蔵省出身の官吏であって地方行政部門に進出して治績を上げた君は私達の誇りでもありました。教育方面における君の識見才能は万人の認めるところでした。君は文教部教育司長として全満の教育行政を統《す》べ、教育普及向上に力を尽くし、また大同学院主席教授を担当し、幾多有能な満州国官吏を育て上げました」

つまり、最初は日本における大蔵省にあたる官庁で国税部長となり、ついで省という、日本でいえば県にあたる地方の行政区で次長となった。ただし、知事にあたる省長は満州国人が務めることになっていたが、それはほとんど名目だけのことで、日本人の次長が実質的な知事だったという。田村は次いでまた中央に戻り文部次官になったが、敗戦間際に浜江省の次長となった。

この教育司長時代に、田村は大同学院で教鞭をとるだけでなく、吉林《きつりん》師道高等学校の校長も務めていた。その吉林師道高等学校の学生だった孫亦濤《そんえきとう》が述べているところによれば、田村は教育司長在任中の五年間に十一の大学を作り出したという。それに対して、軍部から「そんな金を使って満州人のために学校を設ける必要があるのか」と横槍が入ったが、頑として譲らなかったともいう。

孫が田村の思い出を語っている文章の中に、次のような一節がある。

《このことが、満州地方に対する文化的影響たるや如何《いか》に甚大なものであったかは、後世の文化史家に任せますが、私は一満州生まれの中国人として心から尊敬すべきことであり、生涯を通し実に忘れ得ないことであります》

その田村に三つの夢があったという。田村自身がユーモアの外皮をまとわせて雑誌「進路」で語っている。

その夢の第一は、病院のない社会がほしいということだった。大きな病院を建てて東洋一だなどと誇っているのは虚《むな》しい。それよりも、誰しもが健康になり、病院などがほとんど用をなさない社会になればいいのではないか。同じように、第二は刑務所のない社会、第三は兵営のない国にしたい、ということだった。当時の風潮の中で、官吏がそうしたことを夢想するのは極めて特異なことだったろう。とりわけ、兵営のない国、つまり軍隊のない国を夢想するなどと公言することは、特異なだけでなく、危険なことですらあったはずだ。実際、錦州省の興城において、田村が講演の中でそうしたことを口にするのを耳にして、たまたまそこで聞いていた中国問題研究家の桑原寿二《としじ》は、その自由主義的な内容に驚き、あとで罰せられないかと心配もしたという。

しかし、田村はこのことに触れて、こう断わっている。戦後の自由主義的な風潮におもねって、自分も戦前の軍国主義が華やかな時代にすでに平和主義者だったなどと偉そうにいうつもりはない、と。

確かに、その「夢」は、日中戦争のただ中であったはずの一九四一年（昭和十六年）に刊行された『われら今何をなしつゝありや』にもはっきりと述べられている。

《わたくしは現在、三つの大きな夢を描いている。その第一は、この世から病人をなくすることである。この学校から、満州国から、日満から、東洋から、世界から、病人を駆逐して、病院の無い世の中にしたいと思っているのだ。その第二は、この世から罪人をなくしたい。犯罪というものをなくして、従って監獄や、取締り警察官のない世界を実現したいと願うのである。そうして、第三には、この世界から、国家間に戦争というものをなくしたい、ということを夢想している。戦争をやめて、あの集中的な人間の破壊大努力を、ほんとうの人類の建設に向けたいのだ》

ここで、「この学校」とあるのは、校長をしていた師道高等学校の入学式における挨拶を原稿にしているからである。

だが、そうした「夢」を含めたすべての努力は、日本の敗戦によって虚《むな》しいものとなってしまった。

田村はまた、先の「見はてぬ夢のあと」というエッセイの中で、敗戦直後の心境についても触れている。

省、つまり県の庁舎で、省長だった王子衡《おうしこう》の手を握ったとき、不覚にも涙が流れてきた。すると、王は「家族のことは心配しなくていい、きっと世話をするから」といってくれた。

しかし、そのとき田村が涙を流したのは家族を心配したためではなかった。満州建国に打ち込み、満州に永住するくらいの気持でいたのが、一朝にしてすべてがガラガラと崩れてしまった。田村はその崩れてしまった「夢」に涙を流したのだ。

一九四五年（昭和二十年）九月七日、田村はソ連軍に捕らえられ、日本の憲兵隊本部の地下室の留置場にほうり込まれる。そこには同じく捕らえられた四、五名の白系ロシア人がいた。

田村はそのときの気持を次のように記している。

《つかまってみると、公私こもごも、ああしておけばよかった、あのときにこうしておけばよかった、はては日本に帰るチャンスもあったのに、満州国に未練をもち建国精神などをといていた手前の見栄や義理も感じ、柄にもなく一種の人柱《ひとばしら》気取りで、ふみとどまった結果が今日のうきめだなどと、めめしくもまたいやしい後悔の念さえ浮んできます。イヤ、すんだことを思いわずらって何になろう、断じて返らぬことを思うまい！と決意するそのあとから、つぎつぎとあれこれと麻の如く乱れる思い。凡愚煩悩《ぼんのう》のわが身わが心をあんなにはっきり見たことは生れてはじめてでした》

そのとき、田村はこんな歌を詠む。

いくそたび返らぬことを思わじと
　誓うあとより心みだれて

そして田村は、《とまれ、すべては見はてぬ夢でした》と結んだそのエッセイを、次の短歌を掲げることで終らせている。

大いなる夢を抱きて満州の

野末にねむる友ぞ恋しき

3

ソ連に抑留されていた田村は、五年後の一九五〇年（昭和二十五年）に日本に帰国する。しかし、その彼に思いがけない二つのことが待っていた。

ひとつは妻である千恵子の「不在」である。千恵子が「才媛の誉」の高い女性だったことは山路の話の中にもあったが、田村自身も一度だけ思い出を語っている。

敗戦の前年、ハルビン近郊の村である天理村というところから、入植十周年の記念誌を出したいので題字か書を贈ってほしいと頼まれた。そこで「とこしへにおほし樹《た》ててよこの十年《ととせ》松花江《スンガリ》の辺《へ》に植ゑしまごころ」という短歌を作り、これを千恵子に書いてもらい、それを手本にして必死に「なぞり」、巻頭の一頁に載せてもらったという。そうは述べていないが、たぶん美しい筆跡を持った女性だったのだろう。

やがて、田村は再婚することになるが、彼の意識の中にはいつまでも不幸な死に方をさせてしまった前妻への負い目があったのかもしれない。その再婚相手について、文章の中では妻や女房と呼ばず、「家庭の世話をしてくれている婦人」という言い方をしている。

帰国した田村に降りかかってきた思いがけないことのもうひとつとは、「公職追放」の指定だった。戦時中に書いた三冊の本によって追放の指定を受けることになってしまったのだ。

困った田村は、大蔵省で同期だった山際正道のところに挨拶《あいさつ》かたがた相談に行く。そこで田村は、「池田蔵相」が「あの池田勇人」であることを知らされ、しかも山際に池田のところへ行くことを勧められる。彼が人を必要としている、というのだ。

ここで初めて池田と田村が結びついた。

一九五一年（昭和二十六年）、田村は追放解除になるが、この頃までには社会の表舞台で動きまわろうという野心をすっかりなくしていた。口癖のように「自分の時代は終ったのだ」といっていた。抑留中の苛酷《かこく》な体験が、田村からエネルギーを奪い去っていたのかもしれない。抑留生活がどのようなものであったか定かにはわからない。田村は人民裁判にかけられ、そこでの発言が『われら今何をなしつゝありや』の田村とあまりにも異なっていると、当時の部下から激しく糾弾されたらしい。そのような種類の噂《うわさ》を田村の知人の何人もが聞いている。ロシアで洗脳され、スパイ活動をしているのではないかという噂も根強くささやきつづけられた。だが、池田はそれらをすべて承知の上で、田村を自分の近くに置こうとした。

その時期の田村を知る複数の人物の話を総合すると、それは次のような経緯によっていたらしい。

——田村さんは、追放解除になって大蔵省の外郭団体である大蔵財務協会に入りました。この協会の役割は大蔵省の諸業務をＰＲするための出版業務が主たるものでした。これを「もう少し充実させたい」ということで田村さんに白羽の矢が立ち、理事長として入ったのです。もちろん池田さんの力が大きかったと思います。ところが、田村さんは入るなり、「どれもこれも無能な奴ばかり」といってどんどん人を入れ替え、人事に金を使いすぎてしまったのです。それなどが原因でツメ腹を切らされるのですが、つまらないことに大事な時期の池田さんを巻き込むのを恐れて、自分から辞めたといった方が正確でしょう。一九五四年に財務協会を辞めて、いよいよ池田さんの個人後援会である宏池会《こうちかい》を作り、その活動に専念するわけです。

もっとも、最初は宏池会という名前ではなく財政研究会といっていました。事務局は国会議員会館の池田さんの部屋にひっそりと置かれていましたが、田村さんが創刊した「進路」という雑誌は、「進路社」という会社を作って、田村さんの自宅を発行所にしていました。

ただ財政研究会を作ってから一年ほどすると、どういうわけか左傾してしまいました。

「進路」の巻頭言なんかを読むとよくわかると思うんですが……。

確かに、田村の社会主義への執着の仕方は異様なほどである。「進路」が刊行されていた十年間というもの、ほとんど毎月のようにその巻頭言は社会主義に関する考察で埋め尽くされていた。最も資本主義の精神に忠実と目されていた政治家の後援会雑誌に、これほど社会主義への熱い思いの文章が載ること自体が確かに奇妙なことかもしれなかった。そのようなところにも、田村がロシアで洗脳されたスパイだという噂の流れる原因があった。しかし、田村が突然「左傾」したというのはまったく当たっていない。それらの一連の文章は、必ずしも社会主義を讃美しているものではないからだ。社会主義をかなり深いところで理解していながら、最終的には否定しきっている。「社会主義意識の混乱について」、「社会主義の理念と実態」、「二つの社会主義はありうるか」、「社会主義と民度」などという文章の中で、田村はたとえば次のように書く。

《ロシアやシナの共産党政権をもって社会主義体制というならおそらく二つの面からの批判と幻滅が起ろう。ひとつはどちらも「社会主義ではない」ということであり、もひとつはあんな体制はごめんだということである》

田村の、社会主義へのこの独特なこだわりを、下村治は「田村さんは、若い頃、友人の間では、マルクス主義研究の指導者であったらしい」ということで理解している。

「マルキシズムを深く研究しただけに、失業のない経済、不況のない経済はありうるのか、あるとすればどのような体制なのか、という鋭い問題意識と強い関心を常に抱きつづけていたようでした」

そのことは、田村の苦しかった少、青年時代の経験と無縁ではないだろう。彼の追放の際の動かぬ証拠となる『満洲国ノ理念ト実体』という本の中でも、田村は満州建国の第一の目標が「国民の生活を安定し向上せしむる」ことの中にこそあるべきだと明確に規定している。

満州における挫折と、シベリアでの抑留で、すべてのエネルギーが喪《うしな》われてしまったと田村は自分で思い込んでいた。しかし、政治家池田と結びついた田村には、池田を総理にすることでもう一度だけ満州で果せなかった「夢」を実現しようという情熱が甦《よみがえ》ってくる。池田を宰相の中の宰相に仕立てたいと考えるようになったのだ。

そこには、たぶん、一九四五年（昭和二十年）八月十五日、終戦の詔勅を聞いたときの無念さを晴らしたいという思いがあったことだろう。

その日、田村はハルビンの日本総領事だった宮川舩夫の公館で、血を吐くように発した言葉があったのだ。

「ああ、日本に真の政治家がいなかったばかりに、こんなことになってしまった！」

田村は、池田を、かつて日本に存在せず、もしかしたらいまもなお存在しないかもしれない「真の政治家」に仕立てたいと望んだのだ。田村は、「進路」の創刊から五号目に、「したいことあれこれ」という副題を持つ「白昼夢」という文章を書いている。

《さて、私の夢想癖というか、夢きちがいは年をとって、現実的になるどころか、ますますはげしくなるようです。あれもしたい、これもしたいと、とてもすぐには勿論《もちろん》、相当の年月をかけても容易にできそうもないことをあれこれとやってみたいと、それこそ白昼夢を見つづけています。ただし、やってみたいと申しても、自分の手でやろうとか、大きな仕事をして、手柄にしようとか、有名になろうとか、大金もうけをしようとかいうのではありません(できればしたいのですが、できないと分りきっているので)。誰でも適当な人がとりあげてくれて、実行してくれさえすればよい。いやそういうえらい人、偉人や英雄が出て実行するというよりは、多数の私ら同様の大衆が同じような夢を見るようになって大きな力になって、それが実現するようになったら? とこれまた一つの夢かもしれませんが、そんな風に考えているのです》

やがて池田には、大平正芳、宮沢喜一、黒金泰美《くろがねやすみ》ら官僚出の議員を中心とした元秘書官グループと、田村を中心とした宏池会グループの二つのブレーン集団が存在するようになる。元秘書官グループが現実政治に関わり、宏池会グループはもう少し射程の長い「宰相学」といったもののために頭脳を提供する。具体的には各種の研究会を宏池会で開き、そこで出てきた知識は田村を経由して池田のもとへ届けられた。田村はそのすべての会に顔を出し、池田に必要と思われる意見をメモし、池田が読みやすいようなレポートにまとめては、毎朝池田の家を訪れ、出かける前の池田に手渡した。その田村のレポートには、研究会での意見ばかりでなく、彼が書物から得た知識から街なかで遭遇した小さな事件への感想まで、あらゆるものが詰め込まれていた。

田村が池田から委《ゆだ》ねられたのは、金と人である。池田個人の、やがては池田派の政治資金は田村が管理した。膨大な金が彼の手を通過していったが、田村はいかにも元大蔵省の官吏らしくそれを神経質なくらい潔癖に管理していた。

金の管理は後援会並びに派閥集団の事務責任者としての任務だったが、人を集めるのは彼にとって道楽に近い愉《たの》しみだった。有能な人物を集めて開く研究会が彼にとって最高のレクリエーションともいえた。

田村が、このような下積みの役割に甘んじたのは、決して世俗的な欲望からではない。たとえば、池田が天下を取ったあと、池田派の代議士の植木庚子《こうし》郎《ろう》らが田村に政界入りを勧めたことがある。田村が京都の出身であることを見込んで、蜷川《にながわ》虎三の対立候補として京都府知事選に出馬することを要請したのだ。すると、田村は怒鳴りつけたという。

「バカヤロウ、そんなことするために苦労してきたんじゃない」

田村の池田に対する態度は、使用人の主人に対するものではなく、対等の友人としてのそれだった。もっとも、それが、やがて天下を取った池田に疎《うと》まれる原因にもなるのだが……。

第六章

敗者としての下村治

1

下村治にとって人生最大の敵は結核だった。

大学在学中に発病し卒業が一年遅れた。大蔵省に入省後もしばしば再発し、彼が行政のラインのトップに昇ることを妨げた。

下村は一九一〇年（明治四十三年）に佐賀で生まれた。下村家は佐賀藩の大身で、その先祖が広大な田地つきで残した菩提寺《ぼだいじ》が今なお市内に現存するという。父親は海軍軍人で、上官に対し自説を譲らず佐官で退役したともいう。下村は佐賀中から佐賀高に進み文科甲類の秀才として一目置かれる。同級生の記憶によればスポーツもしていたが、ハメをはずしての遊びにはほとんど付き合わなかったという。

大学は東京帝国大学の経済を選んだ。

しかし、大学の講義でその後の自分にとって役に立ったものは何ひとつないと断言する。

「経済学といえるような水準のものはありませんでした」

マルキシズムには根本的な無理があるなと思っていた。『資本論』には肝心の資本が存在していない、と。そこで学内の雑誌に「剰余価値説批判」という論文を投稿した。それを読んだ労農派マルキシズムの旗頭である教授の大内兵衛《おおうちひょうえ》が、「下村というのはどこの大学の教授だ」といったという話が伝わっている。

大学三年のときに高等文官試験にはパスしたが、肋膜《ろくまく》炎の発病のため一年留年せざるをえず、大蔵省への入省は一九三四年（昭和九年）になった。

主計局に配されたが、兼務のまま専売局からアメリカに出張駐在を命じられる。葉タバコの買い付けが名目だったが、一種のアメリカ留学でもあった。下村はニューヨークに一年ほど滞在する。

やがて、日本は満州事変から日支事変に突入し、戦時経済に向けての準備が進む。アメリカから帰国した下村は、理財局金融課長の迫水久常《さこみずひさつね》の下で、総動員勅令の制定と運用という仕事につく。

最初に任されたのが、すでに制定されていた会社配当制限令の運用である。さらに現在でいうところの設備投資額を制限すべく会社資金調整令を作ることになった。さらに、会社の配当だけを制限しても不充分だ、賃金給与を制限しなくてはということになり、会社給与統制令を作った。しかし、ひとたび統制をしようとすれば、さらに徹底的にしなくてはならなくなる。それはやがて、こんどは会社経理統制令を立案させることになった。企業の経理すべてに網をかぶせ、所得政策として完全に機能させようとしたのだ。

これはどこにも抜け穴のない法令として、当時の企業家を悩ませたほど緻密《ちみつ》なものだったという。

激務だったということもある。同時に、行政官としてどこかなじめないところがあったのだろう。しかし、そこを無理して働いたため、下村は体を壊してしまった。

一九四二年(昭和十七年)、肺結核により、横浜税関へ業務部長として移ることになる。

戦時下の横浜港はほとんど通常の貿易業務がなくなっていた。外国からの輸入も、輸出もほとんど途絶えていたからだ。唯一あったのは満州などからの軍需物資の輸入だったが、これは税関を通さなくてよいことになっていた。そのため、職員は数百の単位でいたが、業務部長の下村のところにも、一日に一件の書類がまわってくるかどうかという状態だった。

この、まさに絵に描いたような「閑職」への異動に際しては、ひとつの小さな出来事があった。

下村が横浜税関に移ることになったとき、管轄である主税局に挨拶に行くと、やはり病気で出世の遅れていた経理課長の池田勇人がおり、「気にせずゆっくりしてこい」と慰められた。下村にも、その池田に対しては「病気で永く休んだことのある人」というくらいの認識しかなかった。もちろん、その人物がやがて自分が考え出すだろう理論の実践者になるなど、思いもよらないことだった。下村に、そのときのことが不思議なこととしても思い出されるようになるのは、戦後も十年を過ぎた頃からである。

横浜税関から戻ると、今度は外資局の企画課に配属されることになった。永く大蔵省の調査畑を歩き、のちに中央大学の教授に転じることになる海老沢道進《えびさわみちちか》は、戦前から下村の近くにいて強い「影響」を受けたひとりである。

下村は、多くの人にとって近づきがたい人物だった。神経質そうでぶっきら棒な印象がある。しかし海老沢は、下村の中に、そうした第一印象とは異なるものがあるのにすぐ気がついた。

海老沢は一九四三年（昭和十八年）に外資局の為替《かわせ》課に配属されるが、その隣の企画課に下村がいた。当時から、下村は、新しい経済学に明るい人という定評があった。一方、海老沢は、大学ではマルクス経済学を学んだが、新しい経済学に対する知的な好奇心があった。あるとき、近代経済学の開拓者のひとりであるアーヴィング・フィッシャーの「交換方程式」が理解できず、思いあまって下村に教えを請いにいった。すると、下村は自分もまさに関心を抱いているところだといい、驚くほどていねいに教えてくれた。

下村には、つまらない質問には切り口上で答えるが、それなりの疑問を携えていくと、きちんと答えてくれる親切さがあった。

それは私的なところでも同じだった。

戦争直後のこと、家があまりにも遠いため海老沢が通勤に困っていると、わざわざ一緒に国有財産部に足を運び、なんとかならないものかと相談してくれた。結局、うまくいかなかったが、そのとき、国有財産部の人たちが、下村さんがこんなところにいらっしゃるなんてと驚いていたのが印象的だったという。「まるで掃きだめに鶴だ」と。大蔵省の中でも、その「孤高さ」は広く認識されていたのだ。

戦争末期、外資局は武蔵小杉にあった東京銀行のクラブハウスに置かれており、下村もそこにしばらく通っていたが、いよいよ体の具合も思わしくなく、山形県の寒河江《さがえ》に疎開することになった。

「私もこの戦争には素直に勝ってほしいと願っていました。戦争末期は休職して山形に疎開していたのですが、さあ働こうと山形から東京に向かい、東京駅に着いた日が八月十五日でした」

そのときから、彼に与えられた仕事は恐ろしいほどのスピードで昂進《こうしん》するインフレをいかに抑えるかということに変わる。経済安定本部の価格政策課長に任じられ、しかも生計課長も兼務したところから、五百円生活体系や千八百円生活体系などといったものの研究、立案の責任者という立場に置かれた。

「どうしたら破局的インフレにならないかということだけでした。そこでの経験によって学んだことは、与えられた条件のもとで最大限どれだけのことができるか、いくら努力してもどれだけのことしかできないか、ということでした。しかし、昭和二十二年が過ぎる頃から破局的な状況は回避できたと思うようになりました」

だが、下村は、激務と、彼が立案した耐乏「生活体系」に忠実だったためにまたまた体を壊してしまう。以後、三年間、苦しい闘病生活が続く。ここにおいて、下村の行政官としての未来はほとんどなくなった。

2

――経済学部を選んだ理由は二つありました。ひとつは、当時の社会主義的な運動の高まりを見て、まず経済のことがわからなくては何も判断できないと思ったこと。もうひとつは、漠然と将来は大蔵省のような経済官庁に行こうかなと考えていましたが、それには経済というものがよくわからないと駄目なのではないかと思ったからです。

しかし、大学の授業には失望しました。佐賀高校から東京帝大の法学部に進み、のちに最高裁判所の判事となった友人に江里口清雄《えりぐちきよお》がいます。彼があるとき、法学は体系的にきちっとしているが経済学というのはまったく摑《つか》み所がない学問だな、と呆《あき》れたようにいったことが強く印象に残っています。まったく同感でした。

私が「剰余価値説批判」の論文を投稿したのは経済学部にあった経友会の雑誌です。そこで、マルクスのいわゆる「剰余価値」の源泉は必ずしも労働だけではないと書いたわけです。もし、そのとき、生産性という考え方があったら、もっと簡単に説明できていたと思います。

大学で経済を学んでわかったことはひとつでした。経済学の教科書は実際の経済を理解するためにも、経済学そのものを理解するためにもまったく役に立たない、ということです。

私は大学で経済を学んだけれど、経済のことが何もわからないということがわかった。私は大蔵省に入って、大蔵省の役人として経済を正しく把握できなくてはいけないと、覚悟を決めて勉強しはじめました。私にとって幸運だったのは早い時期にケインズに行き当たったことでした。ケインズの『貨幣論』は、物理論、インフレ論として、自分のぼんやりしているところの霧を払ってくれただけでなく、人間の経済的な運命はあらかじめ決められているのではなく、人間自身が決定できるのだということを教えてくれるものでもありました。それはまた世界が金本位制の呪縛《じゅばく》から解き放たれるためにも重要なものとなりました。ケインズの『一般理論』に出会うのはその後でしたが、投資貯蓄均衡という考えを強く打ち出して、話を少し混乱させているように思えました。

ケインズを除けば、私にとって「役に立った」のは、ハロッドとアレンの経済学です。

とりわけアレンからは、ダイナミックなメカニズムを説明する数学的な手法とはこういうものかということを教えてもらいました。それ以外に私にとって重要だったのは統計資料だけです。統計資料を読み解くことで多くのことがわかってきました。

大蔵省に入省したのが昭和九年。戦争が終ったのが二十年。経済の危機が何とか去ったのが二十七、八年。その間、試行錯誤の連続でした。いわば、二十年も経済をどう見るかということについて悪戦苦闘をしてきたわけです。理論もない。統計も不充分。しかし、現実は動いている。その中で国民は生きている。しかも、インフレは昂進していく。なんとかして経済をインフレのない状態にしなくてはならない。国民生活を安定した状態にしなくてはならない。そうやって、あれこれやっていくうちに、本当に正しい考え方はこうなのかなということが少しずつわかってきたのです。

戦後の私たちの思いは、第一次大戦後のドイツ、破局的なインフレに見舞われたドイツのようにしてはならない、日本経済の立ち直りのきっかけを作ろうということでした。

昭和二十二、三年になって、生産が回復し、食糧の増産も軌道に乗りつつあった。あとは時間の問題だろうと思っていました。そして、昭和二十五年の朝鮮戦争がその「時間」を縮めてくれたのです……。

三年間の闘病生活を終えた下村は、一九五〇年（昭和二十五年）、官房調査課に配されれる。

3

下村に与えられたその官房専門調査官というのはまったく部下のいない役職であり、下村のために考えられたものだったといわれる。

当時、調査課は「サナトリウム」と称されるほど、胸を病んだ者が多かった。だが、その「落人《おちうど》部落」のような部署に不満はなかったという。元来、下村は行政官というものに微妙な違和感を覚えていた。少なくとも、管理職のわずらわしさは御免だという気持が強かった。下村は、戦前すでに仲間を募り、中心となってケインズの『貨幣論』の講読会を開いていた。それだけではなく、閑職にあった横浜税関時代も、中山伊知郎の『純粋経済学』をテキストに勉強会を開いていたくらいである。彼には、研究家、調査官としての生活が向いていたのかもしれない。

すでに下村は、闘病生活を続ける中で、次第に形が整いはじめた自分の思考をまとめることに成功していた。

「これまでずっと、仕事をしながら考え、考えながら仕事をするということを続けてきました。だから、自分の考えをまとめることができませんでした。ところが、人生のうちでもっとも重い病いの床についているとき、突然、それがはっきりと姿を現わしはじめたのです」

やがて東北大学に提出して博士号を受けることになる『経済変動の乗数分析』は、闘病中に原型ができていたのだ。

この論文のモチーフは、序文の中の次の文章に見いだせる。

《わたくしが大蔵省の職員として、また、終戦後数年間は物価庁、経済安定本部の職員として、現実の経済動向をいかに診断し、いかに対策を処方するかということを直接の職務上の問題としたとき、もっとも大きな助けとなったものはケインズの理論であったが、しかし、それは同時に、ケインズ理論の不完全さを自覚する過程でもあったということができる》

ジョン・メイナード・ケインズの『雇用、利子および貨幣の一般理論』の中核をなすものは、「有効需要の原理」と「流動性選好の理論」である。

ケインズは、総供給に一致する総需要を有効需要と呼び、それが雇用量と国民所得を決定する要因と考えた。つまり、完全雇用が達成できるかどうかは有効需要の大きさによるとしたのだ。そこから失業に対する有効需要の創出という政策が導き出されてくる。

また、ケインズは、利子について、これまでの「節欲に対する報酬」という見方を退け、貨幣の持つ安定性と交換可能性を「流動性」と呼び、その「流動性」を放棄することによって支払われる対価だとした。つまり、利子率は、投資家が現金の利便性、すなわち「流動性」を放棄してもよいと思うところと、借り手が借りたいと思うところとが均衡することによって定まるとしたのだ。

この二つの理論は相互に深く絡み合っているが、どちらかといえば「有効需要の原理」の方が世界的に広く受け入れられることになった。それは「有効需要の原理」が多くの資本主義国において妥当したのに対し、「流動性選好の理論」は投資家階級というものが確固として存在するイギリス的な社会とより深い関わりがあったからだ。

ところで、ケインズの理論には、対象としている期間が短期であり、変動する経済を静的に捉《とら》えるという特徴があった。

たとえば、ケインズは、投資というものは需要が需要を誘発するため、一が一以上のものになるとした。これが投資の「乗数効果」と呼ばれるものだが、実は、投資は単に需要を生むだけではない。さまざまな機械や設備に投資されることで生産能力をも増加させる。ケインズはこの「生産力効果」を無視した。そのため、ケインズの経済モデルは静的なものになってしまったのだ。

そこで、ケインズの理論的継承者であるロイ・ハロッドやエヴシー・ドーマーらが、投資のこの生産力効果についての考察を進めていくことになった。その結果、生産力の増大によって産み出される生産物を吸収しうるためには、経済が「成長」していなくてはならないことが明瞭《めいりょう》になった。逆にいえば、生産力の増大に見合った需要が生まれることで、経済が「成長」することが説き明かされることになったのだ。

一方、下村は『経済変動の乗数分析』において、「有効産出」という概念を使って「生産力効果」について独自の考察を進めていた。考え方の基本はハロッドやドーマーと変わらなかったが、投資の中身について、より詳細に考察を進めた。そこで重要なのは、投資誘因の分析である。下村は、投資を、超過利潤の状態に反応して変化する「感応投資」と、企業家の創造的活動によって生み出される「独立投資」とに分け、「感応投資」が景気の変動を決定するのに対し、「独立投資」が経済の長期的な発展を引き起こすとした。

また、下村は、そこから一歩進めて、ハロッドらのように投資一般が平均的に「生産力効果」を生むのではないと考えるようになっていく。生産力を増大させるのは、道路や住宅や病院といった包括的な固定資本を含んだ投資一般ではなく、製造業を中心とした民間の設備投資なのではないか。産業の生産性を向上させ、産業構造を高度化するのに直接的な効果を持つ民間の設備投資こそが、「成長」の担い手ではないのか。その着想は「産出係数」という独特の「ツール〈道具〉」の発見を生み、設備投資額に一定の産出係数を乗じたものが次年度の国民総生産の増加額になる、という結論を導き出すことになった。設備投資額が多ければ多いほど国民総生産の増加額、すなわち経済の成長率は高くなるというのだ。

やがて、それが、日本経済に対する見方において誰もがなしえなかった高い成長力の発見につながっていく。なぜなら、日本経済は、一九五五年前後を境にして、民間に設備投資意欲が横溢《おういつ》するようになるからだ。

闘病生活が、現実から学んだことを整理し、秩序だてるための落ちついた時間を与えてくれた。下村の理論が成立するためには、彼にとって不運な病いが必須のものだったのかもしれない。

「これによって、いままで直感的にこうなるといっていたものが、理論的に説明できる武器を手に入れられたと思いました」

この論文に対してはほとんど反応がなかった。しかし、それでもあまり気にならなかったという。「たぶん、こんなに数式が並んでいる論文は読まれもしないだろう」と覚悟していたからだ。

ところが、下村に見えないところで強い反応が起きていた。

下村の『経済変動の乗数分析』は、大蔵省の「調査月報」に断続的に発表されていた。それを眼にすることで、経済理論に関心のある大蔵省の若手は、「下村さんがいまどのようなことを考えているか」が理解でき、大いに励みになったという。そのひとりである東《ひがし》淳は、内容は充分に理解できたとはいえなかったが、いつか下村と一緒に仕事をしたいと思うようになっていく。そして、やがて実際に、官房調査課で下村の理論を現実と適応させていく作業の手伝いをすることになる。

論文を読んで強い印象を受けたのは、大蔵省の若手だけではなかった。東京帝国大学の経済学部で下村の少し先輩にあたる東北大学教授の安井琢磨《たくま》も、感銘を受けたひとりだった。安井はそれを東洋経済新報社の編集者に話し、機会があれば会ってみたいという意味のことを口にした。その話を一橋大学助教授の篠原三代平が耳にし、海老沢道進に伝えた。篠原もかつて大蔵省で嘱託として働いていたことがあり、海老沢が下村と親しいことを知っていたのだ。そこから、「東北大学でよければ学位を貰ってくれないか」ということになっていったのだという。

一九五三年（昭和二十八年）、ほぼ病いの心配のなくなった下村は日本銀行政策委員に任命される。この頃から、彼の日本経済論は他と異なる独特な理論として、一部のエコノミストに注目されるようになる。

当時、経済企画庁の調査課にいた金森久雄によれば、課長の後藤誉之助《よのすけ》からよく部内参考資料としての「下村メモ」が廻ってきたという。そのメモには簡潔なタイトルが打たれ、確信的な調子で下村の状況論が書かれていた。ほとんどが質のよくない紙にタイプで打たれていたが、その中身はのちに本に収録されたときよりはるかに精彩があったという。それは、「下村メモ」が廻ってくるのが現下の経済をどう見るかで激しい意見の対立があるときが多く、その内容も「時論的」かつ「予言的」だったからである。金森が『日本経済を見る眼』の中で書いている。

《下村さんはそれに常に独創的で、実証的で、明確な判断を与えた。そうして多くの場合、下村さんの予言は適中した》

その典型的な例は「金融引締め政策――その正しい理解のために――」である。一九五三年度は国際収支が大幅に赤字となった。そこで強力な引締め政策がとられつづけたが、下村はそれを批判し、すでに国際収支は黒字基調になり、一九五四年度は三億ドル以上の黒字となると予言した。その楽観的観測は、悲観的空気が支配するエコノミストたちの世界では嗤《わら》われたが、現実に三億五千万ドルの黒字となり、正しいことが証明された。

在庫論争、成長力論争と勝利していくにつれ、下村治という名の前に、「教祖的」という形容詞が付されるようになる。それは彼の立論の仕方が簡潔であり、いっさいの修飾を使わない文体であるのと、論争の仕方が非妥協的であるところから、そのような印象を与えることになったのだ。

金森はこうも述べている。

《理論は明確に書かれていたが、多くの人の理解を超えるものであったから、下村さんを信ずる人は、神秘的な力を感じ、信じない人は、まぐれあたりだと考えた》

下村に対する「異端視」は経済論壇や他の官庁ばかりでなく、大蔵省内においても存在した。下村が廊下を歩いていたりすると、「おっと、博士のお通りだ」などと揶揄《やゆ》するような陰口がきかれていたともいう。

しかし、下村はそうした視線に対して常に超然としていた。自分の考えはとくべつ変わったものでなく、ごく真っ当なことをいったり書いたりしているだけだという確信があったからだ。

「私のこういうぶっきらぼうな話し方はやはり生まれついてのものだと思います。私は洒落《しやれ》た、面白い話をすることはできない。面白い話というのは、どこかに飛躍が必要ですが、私は順を追って、筋を追わなくては話せないんです。ただ、私の文章の書き方については、大蔵省にいたということの結果だと思います。私の文章のスタイルは役所的なものなんです。役所でペーパーを書くときは、何をするのか、なぜそうするのか、そうすればどうなるのかということを簡潔に書かなくてはなりません。妙な修飾は混乱させるだけです。断定的だとか、高圧的だとかいわれますが、ただ必要不可欠なことを簡明に書いているだけです」

戦後、下村は三鷹で暮らすようになる。しかし、その家には、居間の隅に小さな机があるくらいで書斎らしい書斎はなかった。

死を間近に見るほどの大病を、妻である修代《なかよ》の献身によって切り抜けて以来、下村は体を気遣い、家で仕事をすることがほとんどなくなった。夜も、早々に寝てしまう。それればかりか、家では自分がどんなことをしているのか話すこともなかったという。一度など、海老沢は下村の妻の修代から、冗談めかして「外ではどんなふうなのか教えてくれませんか」と訊《き》かれたことがあったという。

毎日新聞の経済部の中で、ほとんど例外的に下村と接触を保ちつづけていた記者の稲田正義によれば、三鷹の家を訪ねて驚いたのは、その本の少なさだったという。

それは海老沢もいっている。

三鷹から小金井に引っ越し、いちおう書斎らしい部屋ができた。そして、本もいくらか増えている。だいぶ本が増えましたね、というと、これは息子の本ですといって笑ったという。

あるとき、海老沢は、官房調査課で下村があまりにも暇そうにしているので、フリーマン・ウィルス・クロフツの『樽《たる》』を手に、推理小説でも読んだらいかがですかと勧めたことがあった。すると、下村はこう答えた。

「推理小説を読むなら、クラウゼヴィッツの『戦争論』や『戦略論』の方が面白い」

またあるとき、経済学の本の話になると、下村は海老沢に、自分が本当に読んだのは五冊だけだといったという。

ケインズの『貨幣論』と『一般理論』、ハロッドの『動態経済学序説』、ジョーン・ロビンソンの『不完全競争の経済学』、エドワード・チェンバリンの『独占的競争の理論』。

それを聞いて海老沢はこう思う。もちろん、これ以外にマルクスの『資本論』も読んでいるだろうし、シュンペーターの『経済発展の理論』だって読んでいるはずだ。しかし、確かに、あらゆる種類の本を貪《むさぼ》るように読むというタイプではない。この人は、重要なものをいくつか読むだけで本質的なものを摑み出すことのできる人なのだな、と。

だが、いずれにしても、下村はいたずらに悲観的になる経済学者、評論家、行政官、政治家、あるいは心の底では自身の力を信じ切っていない企業家たちに対して、常に力強い「楽観論者」たりつづけることになる。

ところで、他の多くのエコノミストが悲観論に陥《おちい》っているときに、ほとんどひとり下村だけが日本経済の高い成長力を見通すことができたのはなぜだったのか。

それについては、戦後すぐの経済安定本部時代から大蔵省における調査課時代を通して、日本経済の統計資料をじっくり読み込む機会が多かったことが影響していると思われる。

下村はすでに『経済変動の乗数分析』において、経済成長の基盤がハロッドやドーマーが考えたように投資一般ではなく、設備投資により深く関わっていることを見いだしかけていた。やがて、復興を遂げた日本経済は、一九五五年（昭和三十年）を境に設備投資が激増する兆《きざ》しを見せてきた。とりわけ、民間の設備投資、製造業を中心とした設備投資に大きな意欲の盛り上がりが見て取れるようになった。そのことは、ハロッドやドーマー流の成長理論で考えるより、はるかに速く大きな成長が可能だということを意味している、と下村は考えたのだ。しかも、日本経済の実態をよく見ると、貯蓄が投資に向けられ、その投資が成長を生むというかたちではなく、投資が先行して成長を生むというかたちになっている。そのことは、日本経済が貯蓄率によって成長が制約されていないということを意味していた。

もちろん、それだけでは経済は成長しない。まず、増強された設備投資が「賢い」企業家によって正しく選ばれたものであり、充分な「生産力効果」をもたらすものでなくてはならない。また、その増強された設備投資を正しく使いこなすことのできる「賢い」労働者が豊富に存在しなくてはならない。そして、下村は、日本にはその二つが存在すると信じた。つまり、下村は、誰よりも深く日本人を信じたエコノミストだったのだ。

一九五八年（昭和三十三年）一月、「ミリオネア」という経済誌の編集長だった田中與造《よぞう》は、下村に新年の挨拶《あいさつ》に行くと、こういわれた。

「これから本気で高度成長論を展開するつもりですよ」

親しい付き合いをしていた田中にとっても、それが下村の口から「高度成長」という言葉を聞く初めての機会だったという。

やがて、奇病と闘い、捕虜生活に苦しみ、死病に苦しんだはずの三人が、誰よりも「楽観的」に、日本経済は成長し、日本国民は豊かになるのだ、と声を上げるために巡り会うことになる。その三人は共に元大蔵官僚だった。そして、三人は共に官僚として不遇な道を辿ってきた。三人は確かに「ルーザー」だった。しかし、日本という国を、吉田茂のいう真の「グッド・ルーザー」に仕立て上げようとすることで、三人もまた〈よき敗者〉となるべき道を歩み出していたのだ。

第七章

木曜会

1

下村治と田村敏雄が結びつくに際しては、香川鉄蔵という人物が重要な役割を果した。

下村と田村が初めて会ったのは一九五二年（昭和二十七年）頃と思われる。田村がシベリアから日本に帰ってしばらくしてのことだ。二人は同じ大蔵省の役人だが、それまではまったく接点がなかった。下村が入省したのは一九三四年（昭和九年）、田村がすでに満州に渡ったあとのことである。

大蔵省がＧＨＱに霞が関の建物を接収され、四谷の小学校に仮住いをしている頃、田村がふらりと調査部に立ち寄った。下村は課長の石野信一から田村を紹介される。そのときどのような話をしたか下村は忘れているが、田村の年下の者への鄭重《ていちょう》さが印象に残った。

やがて、大蔵省は霞が関に移り、下村も日銀政策委員になった。ルーティン・ワークの少ないポストで、週に二日しか仕事がなかった。しかも彼に与えられた政策委員用の広い部屋は空いている。ある日、その部屋に香川鉄蔵がやって来て、

「この広い部屋と、下村という人間を遊ばせておくのはもったいない。ここで若い連中

を勉強させるべきだ」

といい出した。

香川鉄蔵は東京帝国大学で和辻哲郎と同じ時期に哲学を学んだが、大学と学問にどうしても満足できないものがあって中退し、やがて嘱託として大蔵省に入った。嘱託のまま出世を望むでもなく、スウェーデンの童話を訳すことを最大の愉《たの》しみとして、ゆったりとした生活を送りつづけた香川の周囲には、そうした人柄に魅せられた大蔵省の若い人材が「先生」と呼んで群がった。その香川も、密《ひそ》かに下村の才能を認めているひとりだったのだ。香川は、下村の経済学の知識を、若い、しかもノン・キャリアの人材に与えるべきだと考えた。下村の部屋は、いつしかそのような若手のための、定期的な懇談会場のようになっていった。

あるとき、田村は大蔵省の香川鉄蔵のもとを訪れた。戦時中のひと頃、香川は大蔵省の嘱託を辞し、満州の建国大学で経済学を講じたことがあった。満州の教育行政を司《つかさど》り、大同学院の教授もしていた田村とは、そこで親交を結ぶようになっていたのだ。

香川を訪ねた田村は、その折、「大蔵省には凄《すご》い奴がいる」という話を聞かされる。その「凄い奴」が下村だった。

やがて、下村の部屋で開かれる若手の会に、田村も姿を現わすようになる。その会で、香川はいつも黙って話を聞いていたが、田村は愉し気に議論に参加した。時には、田村が話題を提供し、座を弾ませることもあった。すでに宏池会を切り廻しはじめていた田村は、豊富な話題を持っていた。

その話を聞きながら、下村には、田村は骨の髄までマルキシズムの洗礼を受けているのではないか、と思えることがよくあった。会話の中にマルクス経済学の用語や思考方法が頻繁に出てきたからだ。

下村は、参加している若手の疑問に答えるというかたちで時事的な経済問題に対する彼なりの考え方を述べる。それは結局、「いかに不況を克服できるか」ということと、「いかに成長の中で国民生活水準の向上を実現できるか」という問題に対しての、ケインジアン的な解答を提出することでもあった。下村は正統的なケインジアン、すなわちケインズ学派の学者ではなかったが、深いところでケインズの理論を受け止めることができていたのだ。一方、田村は、マルキシズムの問題意識を強く持っていただけに、「失業のない経済、不況のない経済」が資本主義下でも成立しうるということに関する「ケインジアン的証明」に、新鮮な衝撃を受けたようだった。しかも下村の日本経済に対する「予見」は見事に適中する。田村は、次第に「下村理論」の信奉者になっていった。その経緯を、下村は田村の追悼文の中で次のように述べている。

《明治二十九年生れの田村さんがそのような理論的な前進を実現されたことは一つの驚きである。還暦に近い年になって、新しい理論に興味をおぼえるのは容易なことではないし、まして、既成の理論に代えて新しい理論を摂取するのは大きな苦痛を伴うはずである。

田村さんは、若い頃、友人の間では、マルクス主義研究の指導者であったという話である。当時の大学では、経済学というに値いするほどの経済学の講義はなかったのだから、多くの人がマルクスの経済学に強く影響されるようになったのは当然であるが、その中でも田村さんはドイツ語の原本で『資本論』を読むというような徹底的な研究家だったようである。

そのような田村さんがマルクス主義的な思考方法からほとんど脱却されたということは、田村さんの頭脳の若さを示すことであると同時に、田村さんの学問や人生に対する態度がいかに現実的であり、弾力的であったかを示すものということができよう。

田村さんは学問を尊重する人であった……しかし、同時に形式的なアカデミズムや公式的な訓詁《くんこ》註釈主義はその最も忌《い》み嫌うところだったようである。田村さんにとっては、学問は人間の歴史的、創造的な活動を基礎づけるものとして、探究すべきものであったようである。

社会主義、あるいは社会主義的発想に対する田村さんの徹底的な反対は、田村さんがこのような考え方の人であることを前提としなければ理解できないことではないだろうか。かつてマルクス主義の真髄を把握し、ソ連抑留によって共産主義の社会と経済の実体を体験した人として、社会主義的思考方法がいかに社会や経済の進歩や発展に有害であるかを痛感されたのではないだろうか。

田村さんが成長政策の最も熱心な支持者になられたということは、この意味において、極めて自然な結果ということができよう。日本国民の潜在的な創造力を、もろもろの前近代的な拘束から解放し、それを自由に、活発に発揮させることこそ、経済政策の中心目標でなければならないという考え方は、もともと田村さんが追求してこられた問題であったにちがいない》

それは、雑誌「進路」のバック・ナンバーからも確かめられることである。とりわけソ連や中国の専門家を集めた「水曜会」のメンバーには、共産圏諸国の情報だけでなく、かなり激越な批判も書かせている。

とはいえ、田村が創刊した「進路」は、その最初から明確な方向性を持っていたというわけではなかった。

奥付に昭和二十九年五月一日発行とある創刊号は、わずか三十四頁の極めて薄いものだった。表紙には、「進路」というロゴの上に「THE SHINRO」という英語がルビのように配され、デンマークの機械化された農業の様子がわかる写真が印刷されている。そして、「主要目次」として次のようなラインナップが掲げられている。

初期の「進路」は、財政研究会内進路社発行ということになっていた。財政研究会は宏池会の前身である。しかし、一九五七年（昭和三十二年）の十月号をもって正式に宏池会発行ということになる。これを誌上で伝える「謹告」の中に、「進路」という雑誌がどのような意図のもとに発行されていたのかが述べられている。

《従来、しばしば、「進路」はいったい何を信条とするのか、ねらいは何か、天下にのぞむ綱領はどうかなどと半ば激励の意味を含めた質問をうけました。これに対しては笑って答えず、というほどに高踏的であったわけではありません。ただ、えらそうに立派なことをならべてもその実が伴わなくては、恥かしくもあり、皆様に対して相すまぬことになるので、文章にして掲げなかったまでで、一貫したねらいはありました。つず《ママ》めて申せば、身心ともに健全な人間として、国民として生きてゆくにはどうすべきかを中心にして、思想的には左右に偏向せず、社会、国家、世界が同時に遠心的外向性のエネルギイとなるような考え方生き方を、具体的に平易に実践的に、読者諸賢とともに求めて行こうというのが、いわば本誌の悲願なのです》

しかし、この段階においても明確な編集方針の存在はうかがえない。論文のタイトルとその筆者の名から、田村の好みと人脈がわかるという程度のものである。ところが、やがて、この「進路」は二つの大きなテーマを抱え込むことになる。ひとつは「総理大臣としての池田勇人」を構想することであり、もうひとつは「日本経済への新しい見方」の擁護者、伴走者になることである。

前者のために、田村は三冊の別冊を出している。

一冊目に出されたのは一九五八年（昭和三十三年）四月であり、表紙には「次期総裁論」という論文名が大きく刷り込まれている。二冊目は一九五九年（昭和三十四年）十二月で「池田勇人還暦祝賀号」とされているものであり、巻末には新聞記者たちの「未来像を語る」という座談会が載っている。そして三冊目は一九六〇年（昭和三十五年）十月の「池田内閣の正姿勢」と題されたものであり、やはり巻末に「静かなるブームの底」という記者座談会が載せられている。それらが発行された時期は、一冊目が反主流派の頭目として野《や》にあるときであり、二冊目が第二次岸内閣で通産大臣として入閣し、次期総理大臣の椅子《いす》への最短距離に位置し直したときであり、三冊目は総理大臣になって第一次池田内閣を発足させた直後である。いわば、池田が三段跳びのように政権に向かって跳躍していった軌跡とぴったり同じ時期に出されているのだ。

しかし田村は、「進路」の通常号では池田の個人後援会の機関誌という色をなるべくつけないように腐心していたように思われる。それもあって、雑多な論文やエッセイが一貫性もなく並んでいるように見える。ところが、一九五八年頃から誌面が急速に活気を帯びてくる。さまざまな文章に日本経済の成長という言葉や考え方が出てくるようになるのだ。

2

やがて「岸の次」が日程にのぼるようになった一九五八年、田村は経済問題の専門家を集めて研究会を開くことにした。来たるべき池田政権の経済政策の指針にするためだった。アメリカ大使館前の日本短波放送会館にある宏池会事務所で、木曜日の昼食時に開かれるところから、「木曜会」の名がついた。

ただし、第一回だけは池田も出席して赤坂プリンスホテル旧館の二階で開かれた。それが七月十日だったということを下村治はよく記憶している。このとき、池田、田村、下村という、やがて「所得倍増」を推進していく三人が、初めて公式の場で一堂に会した。

その第一回の木曜会の出席者は、経済評論家の高橋亀吉、元企画院総裁の星野直樹、前国民金融公庫総裁の櫛田《くした》光男、日本開発銀行副総裁の平田敬一郎、それに下村と田村。のちに経済評論家の稲葉秀三や東京銀行常務の伊原隆らも加わるが、下村がレジュメを作り、説明し、常に木曜会をリードした。新たに参加した稲葉は下村に対してしばしば反論を試みたが、自信に満ちた口調の下村に圧倒されることが多かった。

木曜会の構想を立てたとき、田村にとっては下村以外の学者は不要だった。凡百の評論家や悲観屋より、ひとりの下村治の方がはるかに頼もしい存在だった。

「日本経済には素晴らしい成長力がある」

という下村の「託宣」を、田村は宗教者の信仰よりも純粋に受け入れようとしていた。それでなくとも断定的な下村の「理論」は、田村を通過することによって、さらに強烈な「確言」となって、池田の元へ届けられた。

毎金曜の朝、田村は池田の家に行き、木曜会での討論のあらましをメモと口頭で伝えることになっていた。だが、そのほとんどは、いま下村がどのように考えているかについての田村なりの理解を池田にわかりやすくレクチャーする、といった趣《おもむき》のものだった。第一回の木曜会以後、池田と下村が直接に顔を合わせた機会は数えるほどだといわれる。

下村はハッタリをきかすようなタイプの人間が好きではなかった。その意味では愚直なところを持っている池田は嫌いなタイプではなかったはずだ。しかし、下村は自ら進んで池田に会おうとはしなかった。

池田が総理大臣になり、ブレーンとしての下村がクローズアップされるようになって、毎日新聞でも「サンデー毎日」で特集を組むことになった。そのとき、その企画に協力した経済部の稲田正義が困ったのは、下村と池田が一緒に写っている写真が一枚もないことだった。

下村は、もし世俗的な意味での「栄達」を望めば、どこかの公社や公団の総裁や理事長といったものになることも難しくなかったかもしれない。しかし、下村は時の権力者の「ブレーン」であることによって何か特別なものを得ようとは決してしなかった。池田と下村との間にあったのは、総理大臣とブレーンという呼び名から想像しうる密着した関係とはほど遠いものだった。

秘書だった伊藤昌哉によれば、会って話したとしても、下村の「理論」を池田は理解できなかったのではないか、という。二人の間に田村が介在することで、首相とブレーンは逆に濃密な関わり合いができた、ともいえる。

木曜会が始められた頃の一般的な日本経済への見方はどのようなものであったか。たとえば笠信太郎《りゅうしんたろう》は、一九五八年九月、朝日新聞の「特殊段階の日本経済」という連載物の中で、日本の経済は未開発のフロンティアが少ないために、過当競争、重複投資をせざるを得ず、少々の刺激療法などでは立ち直れそうもないほどの動脈硬化に陥っている、と規定していた。そのため、日本は統計上に現われる「完全失業者」とも、統計に現われていない「潜在失業者」とも異なる、職についてはいるが本質的には過剰な「第三の失業者」を抱え込まざるを得なくなっている、とした。彼の作った「第三の失業者」という言葉は一時の流行語にさえなった。

一方、下村治は、それとまったく同じ時期の九月十七日に、決定的に質の違う「経済成長実現のために」という小論文を、大蔵省の「部内参考資料」として書いている。

下村は、まず、日本の経済はいまや重要な転機にある、と宣言する。

《終戦後多年の間われわれが心を砕いてきたのは、ともすれば行き過ぎとなりがちな総需要をいかにして総供給力の範囲内に抑圧調整するかであったが、いまや、われわれは充実した供給力をいかにして健全な経済成長として実現するかを問題とすべき時期に到達した。

問題の状況がこのように転換したということは、日本経済の成長力の逞《たくま》しさを示すもので喜ぶべきことである。しかるに、いまなお、経済成長に対する無用な抑制が続けられ、このような抑制の結果生じた望ましからざる現象をことさらに軽視する傾向が強いのは、このような根本的な動向の変化を認識しないがためであって、われわれのくみせざるところである》

このような認識から、下村は、できるだけ大きな経済成長を、できるだけ速く、しかしできるだけ安定的な状況で実現することが必要だと規定した。

その上で、次のように結論づけたのだ。

《日本の経済と金融には多くのゆがみが見いだされる。このゆがみは是正しなければならない。しかし、これらのゆがみをただちに日本経済の不健全性の反映とみることは性急にすぎる。これは基本的には終戦以来の急速な復興発展への要請と、そのインフレ化を抑制する必要とが重なり合って、今日のような姿になったものであると考える。

問題の解決は単に形式的に形を整えることによって生まれるものではない。経済成長実現の過程において、経済力の充実そのものによって吸収すべきものである。われわれは、日本経済がいまや、このような形において、終戦以来の多くのゆがみを是正すべき時期に立ち至ったものと考える》

これが、論文のタイトルに「経済成長」という言葉を用いた最初の、いわば「歴史的」なものである。ここで初めて、下村はひとりの「ヴィジョン・メーカー」として歴史の舞台に飛び出した、といえる。

木曜会以来、下村理論は池田周辺に急速に浸透していった。会が始められてから半年もたたない一九五八年の暮、下村治論文集『経済成長実現のために』が宏池会から刊行された。博士論文となった著作を除けば、下村の初めての本ということになる。一派閥団体から出されるにしてはあまりに大部で、しかも高度なこの本が非売品として刊行されるには、心酔者としての田村の熱意が不可欠なものであった。本の冒頭には、編集者の言葉として、

《私は、ここに「下村経済学」、日本生れの強じんな実際に役立つ理論を発見する》

という田村の文章が掲げられている。そこには、新しい時代と新しい理論の到来を予感している田村の驚くほどナイーブな思いがこめられている。

不思議なことに、下村のリアリスティックな「理論」は、香川鉄蔵と田村敏雄というロマンティスト二人に見いだされ、池田というもうひとりのリアリストと引き合わされることになったのだ。

池田は、田村を通じて下村の思想を体内に取り入れ、いつの間にかそれこそが自分本来の考え方であったと思い込むようになる。

この下村の論文集が刊行されたのは、中山伊知郎の「賃金二倍を提唱」というエッセイが読売新聞に発表される、ちょうど二週間前のことだった。

3

池田が賃金二倍論を言い出す直接の契機が、中山伊知郎のエッセイにあったことはすでに述べた。そして、それは論旨よりむしろ見出しにうながされたものであることもすでに見た。池田には、ほんのわずかな弾みを与えることで賃金二倍論をぶちはじめる素地が、下村や田村によって充分に整えられていた。

一九五九年（昭和三十四年）は亥年《いどし》であり、亥年生まれの池田は、同じ亥年生まれの著名人と、日本経済新聞の「いのしし放談」という座談会に出席した。新聞の正月用の企画であるため、掲載日の一月三日よりはるか以前に収録されているはずである。つまり、彼がまだ中山のエッセイに眼を通す前に、棋士の大山康晴や声楽家の長門美保らを相手に次のように語っているのだ。

「こんど、一万円札が出ていろいろ問題になったようだが、この一万円札が昔の十円札がいのししといわれたほどにみんなに親しまれるようにしたいものですね。……私が学校を出たときには、いのししの札を七枚もらったんだが、日本経済はこの亥年から再出発して、昔の十円をもらった程度に一万円札をもらいたいもんですな」

これに対し、長門美保が「そうでございますね。よろしくお願いいたします」とまぜかえし、座は笑い声であふれるが、池田はさらに真面目にこう応じた。

「日本の経済をもっと強くして月給がたくさんもらえるように、ひとつ今年の亥年から猪突《ちょとつ》猛進しようじゃありませんか」

池田が賃金二倍論をぶちあげるのは二月の下旬だが、これより先の二月九日、日本商工会議所会頭の足立正は、福田赳夫《たけお》幹事長ら自民党首脳を招き、強い調子の申し入れを行なった。

「われわれが深く憂慮していることは経済体制の基本に関する二つの相いれない対立があって、国内が分裂していることである。急進的な社会改革が必至であり、また最善であるとする風潮が、学界、教育界、労働組合ないしジャーナリズムを通じてきわめて有力で、これが各種の行動にまで現われており、このままで推移すると、数年後の形勢は予測しがたいものがあろう。したがってこの際、自由私企業を基底とする民主的経済制度によって、日本経済の繁栄を招来し得るという確信を、保守党の経済政策を通じて、国民に対し十分の説得力をもって徹底させることが何よりも肝要であると考える」

おそらく、池田の賃金二倍論には、この足立の投げかけた問いに対する、反主流の立場からの応答という意味があったと思われる。しかし、財界の反応は冷ややかだった。

初めて彼の二倍論が財界において発表された二月二十四日の関西財界人との懇談会では、野《や》にある気やすさからの放言にすぎないという空気が支配的だった。池田の賃金二倍論は財界にとって必ずしも歓迎すべきものではなかったのだ。

反応は財界より国民の側に素早かった。賃金二倍論が月給二倍論として次第に熱っぽく論議されていくのを、池田と田村はある驚きをもって見つめていたかもしれない。そして、やがてそれは、池田が「総理への道」を歩むための絶好の武器になるという確信に変わっていった。

三月以降、雑誌「進路」は連続的に池田の月給二倍論を前面に押し出す編集をしている。四月号には「私の『月給二倍論』再説」、五月号には「私の『成長論』と『月給二倍論』の根拠」といった池田の論文を大きく掲げている。しかし、これらの文章はもちろん池田自身が書いたものではない。池田は死ぬまで筆を執《と》ることを好まなかった。池田の文章として残っている多くは誰かの代筆によるものである。月給二倍論に関するものもその例外ではない。「進路」誌上の田村敏雄の「巻頭言」の文体と非常に近似しているところから判断すると、それらはすべて田村の手になるものと思われる。もちろん、池田が自らの意見と異なるものを掲載させるはずもない。この時期の二人は、その経済観において、ほとんど一体化していたのだ。

しかし、日本のジャーナリストの多くは、池田の月給二倍論を彼一流の大風呂敷《おおぶろしき》というくらいにしか受け取っていなかった。財界でも、政界でも、自民党内においてすら、それを真面目なものとは受け止めなかった。

一方、田村敏雄には月給二倍論に対する独特の見方があった。それは安保以後の状況を正確に予見する、すぐれて戦略的な見取り図といえるものだった。

日本経済の伸び得る力を伸ばし、月給を二倍にも三倍にもすることがどうしても必要なのだ。そうすることで、革新という名の保守であり、日本をより豊かにすることを阻害しているだけの「小児病的労働運動」や「十九世紀的イデオロギー」に打ち勝つことができるのだ、と田村は考えていた。

その年の五月に入って、池田は参議院の選挙のため各地を飛び歩くが、その第一声がやはり広島で放たれた。このとき、同行した大平正芳、宮沢喜一らが池田の月給二倍論に注文をつけた。その注文とは、宮沢の記憶によれば次のようなものだった。

「月給二倍というとサラリーマンだけだと思われる。月給が上がるだけじゃなくて、商店主や中小企業主、それに農業者の所得も増えていく。彼らを惹《ひ》きつけるためにも、所得を倍にするといった方がいい、ということでした」

月給でなくて所得だという発想は、しかしその以前から提出されてはいた。田村敏雄は「進路」の六月号に「する、なる、なるようにする」という「巻頭言」の中で、

《池田氏の月給二倍論は……月給——一般に所得——をここ数年間に二倍にも三倍にもしようというのである》

とすでに書いていた。月給二倍論は所得二倍論になっていった。そして、この「所得二倍」から「所得倍増」へはほんの一歩の距離である。

ところで、この月給二倍論、所得二倍論に正面からの強い関心を示した人物が、他にまったくいなかったわけではない。少なくとも、政界にはひとり福田赳夫がいた。同じ大蔵官僚の出身であり、東京帝国大学法学部を卒業し、はるかに順調に出世コースを歩んできた福田は、四年先輩である池田に対して強いライバル意識を持ちつづけていた。

そのライバル意識、あえていえば「敵意」が、いつどのようにして生まれたのかは定かではない。だが、福田は政界に足を踏み入れて以来、常に池田と敵対する立場に身を置くことになる。

戦後、石橋湛山《たんざん》が大蔵大臣になった段階での大蔵省トップの地位は、福田が官房長、池田が主税局長、野田卯一が主計局長だった。ここから池田が大蔵次官になり、さらに野田がそのあとの次官になったとき、次の次官は福田で決まりと思われていた。ところが、その矢先に福田が「昭電疑獄」に巻き込まれ、逮捕されたうえ二カ月にわたって取り調べを受けることになってしまう。福田は疑獄の主役である昭和電工社長の日野原節三とは郷里が近く、家に訪ねてきた日野原と何度か食事をしたことがあった。その日野原から、あるとき福田の妻が十万円入りの袋を受け取ってしまう。何度も返そうとしたが引き取ってくれない。そのうちにそれを費消してしまい、収賄の疑いをかけられることになってしまったのだ。起訴され、裁判を受けることになるが、最終的に無罪を勝ち取る。しかし、そのため、次官の椅子を逸《いっ》するだけでなく、休職を命じられ、大蔵省を辞めざるをえなくなる。そこで、政界へ活路を求め、一九五二年（昭和二十七年）十月の総選挙で初当選する。

その頃、池田はすでに吉田内閣のもとで大蔵大臣となり、通産大臣を兼務したりしていた。そうした姿を横目で見ながら、しばらく無所属を貫いていた福田のもとへ、「中小企業主の一人や二人が自殺しても……」という過去の発言によって池田に対する不信任案が提出されると、秘書官の大平正芳が反対票を入れてもらえないかと頼みにきた。しかし、福田は棄権して反対票を入れなかった。このとき、不信任案が可決されてしまうということもあり、「同じ大蔵出身者でありながら」と池田側に遺恨が残ったともいわれる。

やがて福田は反吉田を旗印とする岸信介と行動を共にするようになる。ここにおいて、吉田学校の優等生たる池田と決定的に対立することになった。

岸内閣が成立すると、福田は副幹事長から、政調会長、さらに幹事長と短期間のうちに党の中枢に登りつめる。総理大臣の岸信介から絶大な信頼を受けていたのだ。

福田が幹事長となるその二年前、経済企画庁総合計画局長だった大来佐武郎は、岸内閣の「新長期経済計画」の大筋を説明するために、自民党本部を訪れたことがあった。そのとき応対に出た副幹事長の福田は、ひととおり眼を通したあとで、

「何か倍になるという表現はないのだろうか」

と訊《たず》ねた。「新長期経済計画」は五カ年のものだった。どこから眺《なが》めても倍という表現は出てこない。大来が不可能だと答えると、福田は残念そうな表情を浮かべたという。

池田が月給二倍論を唱えはじめるや、福田は女婿《むすめむこ》の越智通雄《おちみちお》に「月給二倍というのはおかしい、所得が倍増するという方が正しい」と語っている。

池田が参議院選の遊説で、池田政権構想の一環として所得二倍論をぶちつづけていることを知ると、岸の懐刀であり、当時自民党の幹事長になっていた福田は、それを岸内閣の政策に取り込んでしまおうと決意する。

この頃、福田は、大蔵省で池田人脈に連なると目されていた官房長の石野信一に、

「岸さんに所得倍増をいわせるつもりだ」という電話をかけている。

そして福田は、参院選の前日、閣議で「経済規模を十年間で倍にする」長期計画の作成を決定するよう画策した。そうすることで反主流の頭目である池田から武器を奪い、また主流内に取り込もうとしたのだ。

一般には、その計画は自民党の選挙用のアドバルーンとしか受け取られなかったが、選挙が終っても福田はそのプランを流産させなかった。岸内閣の名のもとに、経済企画

庁にその可能性を検討するよう命じる。

のちに「国民所得倍増計画」と呼ばれるこのプランの種を福田赳夫がまいたとき、一年後にその果実を摘《つ》むことになる内閣が、ライバルと目す池田勇人のそれであると、果たして想像しえたであろうか……。

意外なことに、「計画」としての「所得倍増」の十年で倍という骨格は、福田によって与えられていたものだったのだ。しかし、池田内閣成立後、福田は、「所得倍増」のもっともラディカルな反対者として登場してくることになる。

初めて「所得倍増」という言葉がマスコミで大きく活字になるのは、参議院選挙後の六月十九日の朝刊である。

「所得倍増、十年内に　早くも池田積極論　閣議で発言」（日本経済新聞）

「なるべく早く達成　所得倍増の長期計画　池田通産相が発言」（毎日新聞）

選挙後の岸改造内閣に、池田は周囲の反対をおして入閣していた。一度、奪われかかった「所得倍増」を取り返そうとでもするように、第一回の閣議から積極的に発言していったのだ。

この日から、月給二倍論は所得倍増論として流布《るふ》されるようになる。中山伊知郎が一月三日に「賃金二倍」をいってから半年後に、ようやく「所得倍増」という言葉が産み落とされたのである。

第八章

総理への道

1

池田勇人の「総理への道」を考えるとき、その最も重要な布石は、一九五九年(昭和三十四年)の内閣改造の際の「入閣」にあったと思われる。それは同時に「所得倍増」を自らの手に取り戻す絶妙な一手だった。だが、その時点では、彼の入閣は政治家としてのキャリアに汚点を残すもの、と一般に受け取られなくもなかった。

参院選後の六月、第二次岸内閣の改造が行なわれた。自民党政権の歴史の中でも、この改造劇は、稀《まれ》にみるグロテスクな派閥力学が絡み合い、いつになったらその劇の幕が閉まるか誰にも予測できないほど難航した。演出家であり主演俳優であるべき岸信介が、困難のあまりいまにもすべてを投げ出してしまうのではないか、という恐れすらあった。

まず、「大野構想」と呼ばれる、河野一郎幹事長案を中軸とする党人派のプランが、河野を嫌う佐藤栄作によって潰《つぶ》され、次に佐藤の大蔵大臣留任を含みとする「佐藤プラン」が、官僚出身政治家を嫌う党人派によって阻止され、党内は主流、反主流、官僚派、党人派が入り乱れ、三すくみの状態に陥った。岸にとって重要なことは弟・栄作の大蔵大臣留任だった。だが、それに固執する限り、かつて岸内閣を支えるひとつの柱だった河野との、悪化してしまった関係の修復は不可能だった。岸に残された道は、前年の暮に辞表を叩きつけて閣外に出た反主流の大物、池田を主流派内に取り込むほかになかった。だが、池田は反吉田の急先鋒《きゅうせんぽう》だった岸に根強い不信感を抱いていた。河野も主流派を去り、池田も野《や》にあるとすれば、岸内閣の存立基盤はきわめて脆弱《ぜいじゃく》なものとなる。岸は組閣を放棄しかねない状況に追いこまれた。そこで佐藤が策謀家としての手腕をいかんなく発揮した。ひとつのシナリオを書いたのだ。

この組閣工作の中で、もっとも劇的な一日は六月十七日だった。岸、佐藤、池田、河野、役者はすべて揃《そろ》った。池田も河野も入閣を拒否していた。河野は池田も拒否しているということで、さらに強気になっていた。池田が入らない以上、最終的には河野に頭を下げて来ざるをえないからだ。そこで佐藤はひとつのトリックを考え出す。

まず、河野を岸のもとに呼ぶ。岸は強く入閣を要請するが、彼は断わるに違いない。その直後に池田を呼ぶ。河野が入閣しないこと、むしろ入閣させないことを条件に池田を口説《くど》けば受け入れるに違いない。そこで河野を一挙に蹴落《けお》とすことができる。その一点において池田と自分たちの利害は一致するはずだ。池田は師の吉田ゆずりの「反河野」意識を濃厚に持っていたからだ。

そして、現実はそのシナリオの通りになった。岸は河野の前で涙を流し、その涙にほだされた河野は「筋を通すために入閣はできないが、閣外にいても協力はするから」といってしまう。河野が官邸を去ってから何時間もたたないうちに、岸は次に池田を招き、その手を握ってにこやかに笑ってみせた、といわれる。

それまで絶対に岸の延命に協力しないと断言していた池田が、岸との会談でその主張を翻《ひるがえ》した。信濃町《しなのまち》の私邸に帰った池田に、池田派の議員ばかりでなく、夫人の満枝までが嫌味をいった。

「そんなことをお引き受けになっていいんですか」

一瞬、池田は自信なさそうな表情を浮かべた、と伊藤昌哉はいう。しかし、いまそのときのことを訊ねても、もはやこの言葉を満枝自身は記憶していない。だが、前回の改造に際し無任所相として入閣したときと同様、「あまり嬉しくはなかった」ことだけはよく覚えている。池田派の議員にとってもこの入閣は節操がなさすぎるように思えた。半年前に辞表を叩きつけ閣外に出たばかりであり、しかも数日前にも「入閣はありえない」と断言したばかりではないか。

この入閣の是非については、池田番の、それも「茶の間組」の中でも意見がわかれた。毎日新聞の記者だった土師二三生《はじふみお》の記憶によれば、「茶の間組」の四人の記者の賛否は二対二だったという。

なぜ入閣を承諾してしまったのか。池田を動かすひとつの力になったのは、佐藤に派遣された田中角栄の「口説き」である。田中は入閣をしぶる池田に熱っぽくいった。

「政局の安定は、あなたの閣内協力にかかっております。この際、あなた以外の方の入閣ではだめなのです。天下の為《ため》、入閣に踏み切って下さい。そうすれば、次の政権はあなたのものです。躊躇《ちゅうちょ》なく御決心を願います」

田中は、いやがる夫人の満枝を促して、認証式に必要なモーニングの用意を始めさせた。

池田を動かした第二の力は、財界の要請であった。財界は、岸内閣から「何をするかわからない」という印象の河野を切り、池田を入れることを強く望んだ。池田への個人的な働きかけもあり、また岸の説得の切り札も「財界も望んでいるから」というものだった。

池田を動かした第三の力は、保守政権を破産させるなという、いわば「保守の大義」である。財界浪人とでもいうべき矢次《やつぎ》一夫が、改造直前に池田と会い、こう忠告した。岸秀吉に反旗を翻し、池田家康がいま戦うべき刻《とき》ではない。保守合同によって天下統一へと動いてきた歴史の流れに逆らってはならない。待てばやがて家康の天下になる、と。池田は珍しく緊張した面持ちで話を聞き、最後には上機嫌で十八番の『愛染《あいぜん》かつら』を高唱した。矢次が岸のラインにつながる韓国・台湾ロビイストだとしても、ひとつの意見として池田には説得的だったのだろう。

次期政権への思惑、財界の意志、保守の大義。このすべてが池田入閣の要因であった。

だが、それ以上に、池田には政治家としての野心があった。自身の日本経済の認識にふさわしい政策を、現実化できるポストに就くことは、やはり政治家として大きな魅力だったに違いない。彼は「政治」より「行政」が好きなタイプの政治家だった。あるいはこういいかえてもよい。彼は派閥力学による「党内政治」より、文字通りの国の「まつりごと」の方に強い興味を持っていた、と。入閣が決定した直後に池田邸を訪れた読売新聞の宮崎吉政は、「これからいろいろやりたいことがある」と意気込んでいた池田を覚えている。

池田は通産大臣となり、河野は完全に野《や》に下った。それに関して、宮崎が『実録政界二十五年』の中でこう書いている。

《当時、世間では「党人河野」と「官僚池田」の進退の相違を鮮やかに示したものとして、むしろ河野氏に共感したが、このことは逆に、その後の池田、河野氏の権力抗争における立場を決定的なものにしている》

確かに池田には無節操だという批難があった。だから、それらを振り切るようにしてまっしぐらに通産行政に突進していった、ともいう。岸の指導力のなさから生じた政局不安に、平均株価は一挙に三十円も暴落したが、池田通産相の誕生によって翌日は二十円も反騰した。それは「池田相場」などといわれた。池田は通産相としての最初の記者会見で、即座に積極論を主張する。だが、池田を取り込むために「所得倍増計画策定」

のアドバルーンを上げたものの、岸と佐藤周辺には池田積極論の理解者は皆無だった。安定的であることが最上であるという旧来の保守的、官僚的な常識の範囲を超え得る者はいなかった。ここにひとつの対立が生まれる。

池田、河野、佐藤という三人の力関係を不等辺三角形にたとえた政治家がいる。それぞれの頂点からの距離は時により状況に応じて変わるが、まったく一体化することはない。ひとつが遠くに離れると、今度は近い者同士が反発し合う。まさに、今度は、池田と佐藤が鋭く対立する。それは、まず、経済観の相違という衣裳《いしょう》をまとって現われた。

「一部には現在の経済拡大のテンポが急なところから『過熱論』もあるようだが、経済の成長は早いにこしたことはない」

という通産大臣である池田の第一声と、

「経済政策はともかく着実に一歩一歩進めて安定成長を遂げることがいちばん大切なことだ」

という大蔵大臣の佐藤の第一声が、すでにその対立を明らかにしていた。

佐藤は官僚の特質である保守性と平衡感覚から、その内容を経済学的に吟味する前に、「安定的に成長する」ことを無条件によしとし、そのイメージに強くとらわれていた。この頃から佐藤は「安定成長」をいい出すようになる。しかし、彼は本能的に大衆の心をキャッチするのは池田の「積極論」だろうということを察知していた。

あるとき、関西財界から大蔵大臣としての佐藤へ「御高説を拝聴したい」との招待状が舞い込んできた。池田の積極論に経済があまり刺激されることを恐れた関西財界が、そのバランスをとるため佐藤の慎重論を聞こうとしたのだ。だが佐藤は断わった。

「池田君が派手な話をした後で、ぼくが渋い話をするのは損だよ」

というのである。

日本経済は一九五八年（昭和三十三年）の不況から急速に立ち直りつつあった。池田は実によい時期に通産大臣となった。

だが、通産大臣の椅子を狙《ねら》っていたのは池田だけではなかった。すでにその一年前、KR（現TBS）テレビの「大臣に聞く」という番組の中で、当時まだ経済企画庁長官だった河野一郎が、通産大臣の椅子へ濃厚なモーションをかけていた。

「今度の内閣で一番重要になるのは通産大臣でしょうね。これまではどちらかというと通産は大蔵に従属というような形でしたが、これからは大蔵のようにチェックする部門が強すぎると経済の発展は望めません」

河野には池田のような有能なブレーンはいなかったが、現実的な「勘」によって見るべきものは見ていたのだ。

無用な摩擦を引き起こす放言もせず、池田は黙々と通産行政に専念する。専念することによって、知らず知らずのうちに次期総裁の「座」への最短距離を走ることになる。

この頃、池田はチェ・ゲバラと会ったりもしている。この年、バティスタ独裁政権を打倒し、革命に成功したカストロ・キューバの特使として、ゲバラは日本にやって来たのだ。池田はそのゲバラと、帝国ホテルで貿易協定を結ぶための話し合いをした。

「日本にもっと砂糖を買ってほしい」

ゲバラが申し入れると、池田は几帳面《きちようめん》にこう応じたという。

「現在の両国貿易は日本側の入超になっている。キューバこそ日本商品をもっと多く買い付けるべきだ」

経済運営における池田の積極論と佐藤の慎重論は日増しに鋭く対立していくようだった。この政府部内における経済政策の相違を野党が見逃すはずがない。七月二日の衆院予算委員会には社会党の小松幹が質問に立ち、追及した。

「池田通産相は『日本経済は三十一年を境に、需給バランスが逆転した。いまや有効需要を伸ばすべきだ』と雑誌『進路』に書いている。一方、佐藤蔵相は記者会見で『経済はなだらかに成長させるべきで、内需を刺激しすぎてはいけない』といっている。この食い違いをどう説明するか」

これに対し池田は、これまでの国民所得の激増は国内市場の拡大によって支えられたものであるから「今後も国内において有効需要を増やすことに十分力を入れていかなければならない」と突っぱねた。また佐藤も、「経済は安定した基礎のうえで成長させる必要がある」と従来の主張を繰り返し、二つの見解の食い違いはどちらからも補正されず、両者の対立は誰の眼にも明らかなものになった。

2

ところで、この池田の積極論のバックボーンになっていた考えはどのようなものであったか。池田は、官僚やブレーンのいうがままの言葉を口うつしで述べる、という「鸚《おう》鵡《む》」のようなタイプの政治家ではなかった。そうである以上、彼が積極論を展開するにあたっては、それなりの思考の成熟があったはずである。どのような道筋を辿《たど》って、池田は、彼なりの積極論に行きついたのか。しかし、その移り変わりを辿る資料は、いまやほとんど残っていない。池田には日記を書くという習慣はなかったし、この時期の秘書たちには、のちに秘書となる伊藤昌哉ほどの几帳面さはなかった。だが、わずかに残された雑誌「進路」の文章群によっても、彼の経済観が急速に積極論に向かって成熟していく様はかなりの程度まで具体的にわかる。

池田の財政家としてのデビューは、超均衡財政、つまり強力な引締め政策の推進者としてであった。それは、もちろん、占領下という歴史的な条件を抜きにしては考えられない。池田は一九四九年（昭和二十四年）に初当選すると、第三次吉田内閣のもとで代議士一年生にして大蔵大臣の座を射止める。

この年、日本の戦後の変則的なインフレ経済を立て直すためのアドバイザーとして、アメリカからデトロイト銀行頭取のジョセフ・ドッジが来日した。昂進するインフレを終息させるため、ドッジは大きく二つの方向性を打ち出した。ひとつは、インフレを退治するため、国家予算は収入と支出を均衡させることが必要だということであり、もうひとつは、為替レートを早期に設定する必要があるということだった。とりわけ財政を均衡させるためには、アメリカからの援助を打ち切ると同時に、各種の補助金、補給金をストップさせるという厳しい措置を取ることを求めていた。これを俗に「ドッジ・ライン」と呼ぶ。ラインは線や紐《ひも》という意味の他に「方針」という意味がある。

大蔵大臣になった池田は、このドッジの指し示した「方針」に従うことを決意し、誰よりも忠実に実行しようとした。第一の方向は、歳入の七千四十九億円に対して歳出を七千四十六億円にするという「超均衡予算」となり、第二の方向は一ドル三百六十円の為替レートが固定されることで具体化された。当然のことながら、国民に耐乏を強いることになる「超均衡予算」には野党ばかりか与党内からも不満が噴出したが、総理大臣である吉田茂の支援もあってなんとか切り抜けることになる。

この、いわゆる「均衡予算」が成立したとき、喜んだ吉田茂から菊の紋章入りの銀のタバコ入れが届いた。そして、その桐の箱には、吉田の筆で次のように記されていた。

《今年均衡予算ナリ　財政ノ基礎始メテ確立サル　コレ池田蔵相ノ功ナリ》

そのタバコ入れは、皇太子時代の天皇からの「賜品」であり、特に天皇の許しを得て池田に贈ったものだった。

ドッジのドラスティックで苛酷ともいえる経済立て直しは、一時的な不況の訪れによって危機に瀕《ひん》するが、一九五〇年（昭和二十五年）に勃発《ぼっぱつ》した朝鮮戦争が救ってくれる。しかし、これ以降、池田は引締め政策論者、消極財政論者として記憶されることになる。

池田が吉田内閣で大蔵大臣になって三年以上が過ぎた一九五二年、一種の存在証明として『均衡財政』という本を出版する。しかし、すでに述べたように池田は文章を書いたことがほとんどない。当然のことながら、これも誰かが書いたものということになる。実は、この『均衡財政』を書いたのは、大蔵省の調査課長だった石野信一を中心とした大蔵省の役人たちだった。

経済運営についてを石野が、予算についてを石原周夫《かねお》が、租税についてを原純夫《すみお》が、金融についてを大月高《たかし》が、物価についてを谷村裕《ひろし》が書き、最後の「日本経済はどうなるか」を下村が書いた。

そのとき下村がゴーストライターのひとりとして参加したのは、大蔵省の役人の義務としてにすぎなかった。この当時、大蔵大臣としての池田に対して下村が抱いていた感想は「大蔵省の伝統の上に乗っかることで大臣になった方だな」というていどのものだった。しかし、その義務の中で「自分の考え方を申し述べよう」とは思っていたという。そして、その思いは下村以外の書き手も同じだった。だから、『均衡財政』は、池田の「財政は均衡させるべき」といった所信を述べたものというより、その時点の大蔵省の理論家による論文集という色彩の濃いものとなった。

ただ、その「はしがき」で池田が次のように述べたとき、数年後に積極財政を主張することになる芽のようなものがあったようにも思われる。

《本書は題して「均衡財政」という。

「均衡財政」というものが融通のきかない、頑固な、重苦しいものだ、という世間の人々の感触を、私は知らないわけではない。

回復期にある病人は、とかく医者の注意を煙たがるものだし、元気な人は元気にまかせて不摂生をしがちである。しかし、他日を期して、療養に努めることが病人の生きる途《みち》であり、実力を内に貯えつつ、生活の規律と節制に心掛けるのが元気な人のとるべき生き方であろう。

「均衡財政」は、丁度国民経済というもののそういう生き方である。だから、「均衡財政」は、その時々の情勢に応じて、かなり弾力性のあるものではあるが、根本の気持というか、心構えというものは、一貫して変らないものなのである》

つまり、ここで池田は、自分がかつて採《と》った「均衡財政」を擁護しつつ、その採用は与えられた条件下のものであって、それ自体を目的とする永遠に不変のものではないということをほのめかしているのだ。

一九五七年（昭和三十二年）、石橋内閣における大蔵大臣となった池田は「一千億減税、一千億施策」という積極財政を展開する。その変化は、一国の経済が、病弱の時と健康体の時とではおのずと必要なものが異なるからだ、ということで彼自身によって説明されている。戦後の凄《すさま》じいインフレに対しては、何よりも財政を均衡させインフレを止めることが最良の薬となった。だが、健康となったいまは栄養のあるものをもっと与え、成長させることが重要になってくる、というのだ。

秘書だった登坂《とさか》重次郎によれば、一緒に車に乗っているようなとき、池田は暇だとポケットから大蔵省の財政統計を取り出し、眺めているのが好きだったという。それは池田の終生変わらなかった数字に対する嗜好《しこう》を物語っている。だが、その数字を生かす分野が徐々に変化していったことも間違いない。まずは税の専門家としてであり、次に財政の専門家としてであったが、やがて経済全般について見渡せるようになる。

その池田にとって、積極財政は性格にも合っていた。登坂によれば、池田の口癖というのはこういうものだったという。

「今日より明日、今月より来月、今年より来年」

そこから浮き上がってくるのは、池田の中にある未来に対して希望を抱くことのできる「素朴さ」と「向日性」である。

その年の一月、石橋内閣が主催した日比谷公会堂の大演説会で、池田は一般の聴衆に向かって積極財政の意味を説明している。このときすでに彼は経済成長の窮極の目的が完全雇用であることを述べている。だが、この頃の彼には、国内消費を高め供給力の拡大に見合った需要を生み出す、という考えは理解しにくいものであったろう。消費は悪であり、節約こそ美徳とまだ信じていた。

長女の直子によれば、池田は機嫌のよいときなど三人の娘に貯金通帳を持ってこさせ、その額の増えていることを満足そうに眺めながら「大分ふえたね」とか「お金を大切にしなさいよ」とかいいながら、酒を呑《の》むのが好きだったという。

だがこの伝統的な勤倹貯蓄の考え方も、少なくとも一国経済上では、田村を経由した下村理論によって次第に変化してくる。

「今、日本の経済は一時的な不況に見舞われており、景気回復策をめぐって、慎重論と積極論が行われています。しかし過去をふり返ってみますと、日本経済の底力は、九年前私が皆様の絶大な御支援によって、初めて代議士となり、直ちに吉田内閣の大蔵大臣となりました当時に比べると、全く見違えるほど成長いたしました。今日の不況は、日本経済の病弱のあらわれである。あるいは病後の回復が十分でないためであるというような説が有力であるかに見えますが、私はそうは思いません。大つかみに申すなら、日本経済は今では近代化され合理化された設備が充実して、大きな、国際的競争力の強い生産力をもってきているのに、その生産力を十分に働かせることができないために、もがき苦しんでいるのだというのが真相であります。この生産力を十分に働かせるにはどうすればよいか。それは需要をふやすことです。造った品物が売れるようにすることです。それは一方で外国に売る、すなわち輸出する、輸出をふやすとともに、何といっても国内でうんと使うようにしなければなりません。国内で皆さんが物を買われる、消費されるとともに、国全体としてのいろいろな大きな仕事をしていかねばなりません。ひとくちにいって、積極政策をとる必要がある。また減税しなければならぬ。こういう積極政策と減税をしたなら、物価が上がり、輸出がへり、またまた国際収支が赤字になると心配する人がありますが、勿論《もちろん》むちゃ苦茶な、放漫なやり方をすれば別問題ですが、ちゃんと節度のある、経済の理法にかなった積極政策と適切な減税をするならば、国民経済は成長し、拡大して、輸出もふえ、また国民の生活水準が高まり、減税してかえって増収になるのであります。この増収――経済の成長発展にともなう増収によって、さらに適当な減税を行ってゆく、こういう風にもってゆこうというのが私のねらいであります」

これは一九五八年五月の総選挙で、派閥議員の応援に駆けずりまわり、広島の選挙区に帰れなかった池田が、せめて声だけでもと送った録音テープの内容である。ここに盛られた発想は、その直後に発表される下村治の「経済成長実現のために」の、《いまや、われわれは充実した供給力をいかにして健全な経済成長として実現するかを問題とすべき時期に到達した》という一節とほとんど近似している。

この頃までには、池田積極論の背景に下村理論が移入されていたことは確かなようである。そして、そこから一九五九年（昭和三十四年）の月給二倍論まで、ほんのわずかの距離もなかった。

3

下村は、一九五五年（昭和三十年）以降、いくつかの論争によって経済論壇に特異な位置を占めるようになるが、一般的には無名の人物といってよかった。毛色の変わった経済理論家として一般紙誌が注目するのは一九五九年からであり、『人事興信録』には一九六〇年版まで取り上げられていない。

一九五九年、いわゆる成長力論争と呼ばれるものが始まった。この論争は戦後経済論壇における最大規模の広がりと深さを持ったものに発展した。当時経済企画庁のエースだった大来佐武郎への「経済企画庁の新長期経済計画は日本経済の成長力を過小に評価しているのではないか」という下村の批判から始まり、大来の反批判、下村の再批判と続くうちに、それ以外のエコノミストも参加してきた。

その論争は主として金融財政事情研究会の発行する「金融財政事情」誌上で断続的に展開されてきた。それらの論文は、論争が一応の終息を見た一九五九年十月、『日本経済の成長力』という本にまとめられた。「『下村理論』とその批判」という副題を持つその本の目次は以下のようなものである。それを見るだけで、論争がどのように展開されたのかがわかる。

日本経済の基調とその成長力――過大成長論批判と成長力の吟味　下村 治
日本経済の成長力と「新長期経済計画」――下村治氏「過大成長論批判」の検討　大来佐武郎
日本経済の成長力再論――大来佐武郎氏の反論に関連して　下村 治
経済成長力と成長実現の政策論――下村治氏の再論に答えて　大来佐武郎
大来佐武郎氏の再論を吟味する――産出係数、その他二、三の問題点について　下村 治

日本経済の成長力と景気循環――下村・大来論争によせて　都留重人
日本経済の安定的成長と経済政策――下村・大来両氏の論争を読んで　吉野俊彦
成長率論争の理論的根拠とその解剖――下村・大来論争に関連して　吉田義三
日本経済の成長条件と均衡条件――下村・大来論争をめぐって　渡部経彦
日本経済の成長力と成長理論――各氏の批判にたいする総括的反論　内田忠夫
下村　治

この論争の中でのもっとも大きな展開は、都留重人が下村批判者として参入してきたことだ。経済ジャーナリストによる、いわゆる「宿命の対決」が再現されることになった。

戦後、都留と下村が共に経済安定本部に籍を置いて以来、二人は常に対立してきたといえる。

一九四七年（昭和二十二年）、日本で最初の経済白書といえる『経済実相報告書』を経済安定本部の総合調整委員会副委員長だった都留が執筆した際にも、価格政策課長の下村が提出した資料を無視し、いっさい利用しようとしなかったといわれる。

もっとも、下村によれば、「いっさい」ではなかったという。

「家計も赤字、企業も赤字、財政も赤字、すべて赤字の経済をどうするか、という問題提起的な部分は取り入れられていました」

ただし、それ以外の現状認識や統計分析は切り捨てられてしまったと苦笑する。その下村は、学位論文『経済変動の乗数分析』で、都留の国民所得計算には二重計算をしている部分があるとの誤りを指摘したこともある。

しかし、この二人の対立は、単なる私怨《しえん》のぶつかり合いというより、資本主義をどう捉《とら》えるかの差であった。

都留は戦前にハーヴァード大学へ留学し、アメリカの新しい左翼と接触し、近代経済学の徒による社会主義とでもいうべき考えを身につける。京都大学教授の宮崎義一によれば、「まず資本主義の本性を規定し、それに対して主体的に、しかし漸進的にメスを加え侵食していきながら社会主義への移行をはかる」という発想が軸になっているという。

一方、下村治には、資本主義、とりわけ第二次大戦前後から大きく変わりつつある資本主義に対する期待と信頼感があった。金《きん》の量によって成長が規定される金本位制下の古典的な資本主義の問題点を列挙したあとで、下村は次のように述べている。

《マルクスが問題にした資本主義、現在もマルクス主義者が問題にしている資本主義の原型は、こういう資本主義のようである。人間がコントロールできない姿の資本主義であるし、成長速度はきわめて緩慢で、金の存在量によって制約された資本主義、人口の増加率と比べてみると、成長がないのとあまり変わらないような資本主義、その中で、自動的なメカニズムによって景気循環が必然的におこってくる資本主義、その行く先はあまりバラ色の状態ではなく、どうなるかわからないという、あんたんたる姿しか見えてこない。そういうことではなかったかと思う。

これはしかし、結局は資本主義の本来あるべき姿ではなかったということが自覚されたのが、管理通貨以後の推移である。経済が成長するかしないか、景気が循環するかしないか、これはただ単に与えられた外部的要因によって決定されることではなく、人間が目的を意識して行動することによって相当程度に調節できる問題だということが、現実の政策の実践によってもわかったし、理論的な分析によっても証明された。これが第二次大戦前から、第二次大戦後にかけて現われてきた状況であると考えていいのではないかと思う》（『日本経済は成長する』）

都留と下村との成長力論争は、専門的には「金融財政事情」誌上で闘わされたが、より一般化したかたちでは「朝日ジャーナル」誌上における池田を巻き込んでの応酬がある。それは必然的に「所得倍増」論争という部分も含まれていた。

まず都留が七月十九日号で「〝所得倍増〟は果して可能か」という論文を書いた。いったい池田は何を二倍にしようというのか、賃金か月給か国民総生産なのか。そしてそれは名目なのか実質なのか、と都留は疑問を投げかけ、下村理論の分析ツールを批判し、

倍にするより格差を縮小することこそ最重要の課題である、と主張した。そして、最後に、

《十年のうちに「月給二倍」が実現していなかったら、いさぎよく挂冠《けいかん》する責任感があるかどうか。社会主義国でも生産目標を達成しえなかった行政責任者はツメ腹を切らされた例がある》

とかなり激越なタンカまで切った。挂冠とは「官を辞すること」である。つまり、都留は、実現しなかったら、大臣を辞めるだけの覚悟があるかと詰め寄ったのだ。

これに対し池田は、日本の二重構造は経済の成長と発展のプロセスの中で解消していくときにもっとも円滑にいく、経済を拡大し総生産を増大することによってこそ格差は縮まると反論し、最後にこう述べた。

《私は統制経済や計画経済論者ではないから、十年という期間を限定して、計画的に月給を二倍にするとは、いいもせず、考えてもいないが、しかし私の政策を実行してなおかつ、十年間に月給が二倍にならんようなことがあれば、挂冠どころか一生かけている政治家をさえやめるくらいの決意をもっていることをお答えしておく》

これに対し、都留は、

《そんなに力みかえられては困る。「月給倍増」よりも大事な仕事が、政治家にはいっぱいあるだろうから》

といなした。

だが、この逃げ方は、ある意味で「卑怯《ひきょう》」といえなくもない。政治家が一方的に責任を問われ、「口舌《くぜつ》」によって責任を追及する側は少しもその弁論による責任を引き受けようとしない。

池田が「挂冠する覚悟がある」といったとき、それが口先だけのものだったとは思えない。

かつて池田は二度に及ぶ「放言」をしている。そのときはなんとか騒ぎは収められたものの、それから二年後の一九五二年十一月、また蒸し返されて政治問題化する。右派社会党の加藤勘十《かんじゅう》が、通産大臣としての池田に、二年前の「中小企業発言」について現在も同じように思っているかと質問した。それに対して、池田は軽くかわしたりせず、まさに馬鹿正直に答えてしまったのだ。

「私の心境はインフレ経済から安定経済へ参りますときに、ヤミその他の正常ならざる経済原則により、よからぬことをやったときに、倒産をし、倒産から思いあまって自殺するようなことがあってお気の毒でございますが、やむをえないことははっきり申し上げます」

再び不信任案が提出され、今度は七票差で可決されてしまう。

池田には、以前から、「依怙地《いこじ》」とも「気骨」とも見分けのつかないものがあったという。過去の自分の「放言」を撤回しなかったことは、単なる依怙地さと見えなくもないが、同時に気骨ある態度と受け取れなくもない。

戦前、大蔵省詰めの記者のひとりだった松本幸輝久《ゆきひさ》が回想している。

それは一九四二年（昭和十七年）の春のことだったと思われる。池田は主税局の経理課長から国税課長になっていたが、当時は記者たちからさえも「三等官僚」と見なされており、誰も寄り付かなかった。しかし、松本はなんとなく親しみを感じ、よく机の前でおしゃべりをしていたのだという。

折しも、関東地方を大きな風水害が襲った。そこで、政府は甚大な被害のあったところを免税地域とすることにした。記者たちはその地域と総額を知ることに鎬《しのぎ》を削りはじめる。松本は、たまたま被害地域の調査から帰ってきた池田と省内の廊下で出くわすと、すれちがいざまに、このくらいだろうと思われる金額だけ指を立ててみた。すると、池田が「そんなところだ」とうなずいてくれるではないか。そこでその金額を新聞に書くと、スクープにはなったものの、時の内閣総理大臣である東条英機の逆鱗《げきりん》に触れてしまった。情報を洩《も》らした者の首を取れということになり、池田は「あわや」ということになりかかる。松本は申し訳なく思い、池田には関係ないと大蔵省の上司に弁明しようとするが、池田は達観したようにこういったのだという。教えたことは事実だし、別にいま辞めさせられてもかまわない。辞めさせられたら、家に戻って酒でも造りながらのんびりするよ、と。

このときは事なきを得るが、松本は池田のその意外な肝《きも》の坐り方に驚かされたという。

宮沢喜一によれば、池田は「むしろ弱いところのある人だった」という。しかし、その底に、このような「依怙地」とも「気骨」ともつかない「激しさ」を潜ませていたのだ。

それにしても、「所得倍増」に対する批判者たちの立論の変遷《へんせん》を辿っていくと、この国の「口舌の徒」に対する絶望感が襲ってくる。「所得倍増」は不可能だといっていた人びとが、それが可能な状況になると自らを批判することなく、高度成長の「ひずみ」論にずれ込んでいく。少なくとも、池田とそのブレーンたちは、自分たちの構想した日本に責任をとろうという姿勢を持っていた。

この論争の直後に、田村敏雄は「進路」の「巻頭言」で都留を批判した。

乏しきを憂えず、均《ひと》しからざるを憂うなどとどうして今頃いうのか。それは戦時非常体制下の支配者の言葉ではないか。この現代において均しからざるを解消しようとすれば、経済の成長しかないのだ。たとえばいま、年間二百万円以上の所得を持つ人から二百万円を超過する部分の金をすべて没収したとしよう。それでいくらになると思うか。三百数十億円だ。それを国民ひとり当たりに均しく分配すれば三百円にしかならないということは、簡単な算術ではないか。格差は動的、発展的なプロセスで解消すべきだし、またできないはずはない。

この、一種のオプティミズムは満州時代から一貫したものであるかのようだ。かつて田村は、『われら今何をなしつゝありや』の序文にこう書いている。

《「人類は進歩し、発展するものだ」というのがわたくしの根本思想の一つである》

これを嗤《わら》うことは簡単だ。だが、その二つの時代の間には、敗戦、シベリア抑留、妻の死、スパイ嫌疑という苛酷な現実があるのだ。それらが彼を痛めつけているにもかかわらず、一貫してオプティミストたりつづけられたという事実の中には、逆にこちらを激しく撃つなにものかがある。

この論争が終る頃には、池田とその周辺の日本経済に対する考え方はひとつの明確な歴史観を伴うようになる。それはたとえば、下村治の次のような見方に代表されるものだ。

《明治維新以来の動きをふり返ってみると、世界中が植民地主義で支配され、金本位でしばられていた。その中にのりだしていこうとしたために問題がむずかしくなって、日本国民は大きな苦しみをなめつつ今日まできたわけである。その努力にいろいろまちがいがあったにしても、その中でやはり日本の国民全体としてヨーロッパ人に負けないものを作りあげたい、日本の独立を確保しつつ、後進国全体をふくめてその地位を高めてゆきたいという潜在意識があったにちがいない。これが意識的あるいは無意識的に日本人を今日までささえてきたと思う。

これは明治、大正を通じて日本人の夢であった。昭和の今日までも夢以上のものではなかった。ところが、今日の日本の経済では、それが夢でなくなろうとしている。七、八年後に現実にわれわれの生活になろうとしているのである》(『日本経済は成長する』)

一九五九年(昭和三十四年)の秋、池田は「日本経済は復興期から勃興期にある」と高らかに宣言した。下村から移入されたこの勃興期論は、戦後日本経済の高成長は破壊的な状況から戦前の水準に戻るまでの一時的なもので、それ以後は成長率もスローダウンするという経済論壇の「常識」への、真っ向からの挑戦だった。

彼らの眼には、日本経済が美しい翼を拡げて飛び立とうとしている姿が、いまや明らかに映りはじめていた。

第九章

田文と呉起

1

一九五九年（昭和三十四年）の十二月、一八九九年（明治三十二年）生まれの池田勇人は還暦を迎えた。還暦を祝うための二大行事は、ひとつは雑誌「進路」の還暦祝賀号の発行であり、もうひとつはパーティーの開催であった。

還暦祝賀号は、冒頭に吉田茂の書「歳寒然後知松柏之後凋〈歳寒くして、然《しか》る後、松《しょう》柏《はく》の後凋《こうちょう》なるを知るなり〉」を掲げ、池田自身の「還暦を迎えて」という文章のほかに、各界の友人、知人、先輩、後輩から寄せられた親愛の情あふれる文章を載せている。

そこで印象的なのは、「宏池会」の名付け親とされ、保守政界に奇妙な影響力を持っていた安岡正篤《まさひろ》の、次のような意味深長な言葉である。それは「私の感想――田文《でんぶん》たらんことを求む――」という文章の一節であった。

《魏《ぎ》の文侯《ぶんこう》が田文を宰相《さいしょう》とした時、呉起《ごき》（孫子とならび称される呉子）がはなはだ不満であった。彼は何にかけても自分の方が良く出来ると自負しておった。そして遂に直接田文に向かって、「軍事に、外交に、行財政に、何によらず君と僕といずれが上か」と詰め寄った時、田文は、「主が若く、部下が付かず、民衆が疑惑して、人心不安の時、宰相はどっちが適任か」と反問した！　流石《さすが》に呉起は考えこんで「やっぱり君の方だ」と答えたが、ここが政治家と官僚の違うところである。つまり日本の政局を憂うる人々は、池田さんに対して、もうぼつぼつ田文たらんことを求めているのである。呉起では不満だとしているのである》

これは司馬遷《しばせん》の『史記』の「孫子呉起列伝第五」に出てくる挿話だ。

しかし、実は、『史記』における記述はもう少し複雑であり、微妙である。「呉起」が、軍事、外交、行財政の能力においてどちらが上か答えてみよと迫ったとき、「田文」はすべてについて「子に如《し》かず」と答えるのだ。あなたより劣っています、ど。そのあとで、しかし、と付け加える。このような時代において、あなたと私のどちらに国政を任せるのがいいと思われますか。すると「呉起」は黙り、しばらくして、やはりあなたかもしれない、と答えるのだ。

司馬遷は、「呉起」をすぐれた能力は持っているものの人の信頼を得にくい人物として描いており、「田文」を自分が特別な能力を持っていないことをよく知っている人物として描いている。司馬遷はそこに「田文」の賢さを見ているのだ。

安岡はおそらく、「田文たらんことを求む」という文章で、立場は逆であるものの「呉起」的存在として総理大臣の岸信介を念頭に置いて語っている。そして、事実、「呉起」岸信介は、「田文」池田勇人をどこかで侮《あなど》っていたと思われる。

だが、不思議なことに、その半年後には、安岡のいうとおり「民衆が疑惑して、人心不安の時」を迎えることになる。


一方、東京会舘四階の大ホールで催された還暦パーティーの主催者は、「池田番」の記者を中心とするジャーナリズムの関係者だった。一時は犬猿の仲だったジャーナリストたちが、皆で池田の還暦を祝おうというまでになっていたのだ。

このパーティーは大盛況だった。そこに集まった客たちは、その盛況ぶりを目撃して、「次は池田なのだな」と暗黙のうちに納得し合った。

その会場で、池田は記者たちに贈られた赤いチャンチャンコを着て、終始上機嫌だった。そして、挨拶《あいさつ》に立った彼が最後に述べた言葉が、

「一九六〇年代は、人それぞれに主義主張の相違はありましょうとも、必ずや黄金時代となりましょう」

であったのだ。


一九五九年（昭和三十四年）から一九六〇年にかけての日本経済は、一九五八年の鍋《なべ》底《ぞこ》景気から脱し、俗に岩戸《いわと》景気と呼ばれる好況期に突入していた。だが、多くのエコノ

ミストはこれが四十二カ月にも及ぶ長期の景気上昇期を持つ大型好況だとは予測していなかった。日本経済の成長率はやがて鈍化するという固定観念にとらわれすぎていたのだ。

昭和二十年代、つまり一九四五年から一九五五年にかけての成長率は、焦土からの「復興」という理由によって八パーセントから九パーセントというとてつもなく高い率だった。しかし、明治維新以後、戦前までの六十年間、日本経済の年平均成長率は約四・五パーセントにすぎなかった。それでも他国に比べればはるかに高率であるのだが、戦前の最高水準まで復帰し、「復興」という条件を失った日本経済が、その二倍もの成長率を長期にわたって維持できるはずがない、と思われていた。そして一九五五年（昭和三十年）前後に、日本経済の力は戦前の水準までに戻っていた。

しかし、にもかかわらず、一九五九年の成長率は十六パーセントという驚異的な伸びを示した。だが、ここに至ってもなお日本経済への自信といったものが根を下ろすまでに至っていなかった。一九六〇年に発表された『経済白書』を評して、東京大学助教授小宮隆太郎は「分析明快、予測弱気、政策貧困」と評した。

一九六〇年、都留重人《つるしげと》はアメリカの経済学会で、日本経済の成長率は「一九六〇年代前半中に、戦前の成長トレンドを引き延ばした線上に復帰するだろう」と発表した。戦前の成長トレンド、傾向とは、五パーセント前後を意味する。しかし、その根拠となると、まったく曖昧《あいまい》なものだった。都留自身が、宮崎義一と一橋大学教授の小泉明との鼎《てい》談《だん》の中で、次のように語っているくらいなのだ。

「その根拠というのは証明が不可能です。科学的な分析の結果というよりも、歴史的な総合判断というべきでしょう」

つまり、「勘」であるということを告白しているのだ。そして、その「勘」は見事にはずれることになる。

当時、日本経済を説明するための言葉として、もっともよく使われていた用語が二重構造であった。東京大学教授の有沢広巳が用い出して以来、そして一九五七年度版の『経済白書』に取り入れられて以来、二重構造は日本社会全体の「底の浅さ」を説明するための手頃な用語になってしまった。

実は、有沢が述べたのは「日本経済は近代的分野と前近代的分野との二重の階層的構造を保持している」ということだった。この「二重の階層的構造」という言いまわしを、端的に「二重構造」といいかえたのは、有沢に傾倒していた経済企画庁の後藤誉之助《よのすけ》だった。一九五七年度版『経済白書』の筆者でもあった後藤が、《いわば一国のうちに、先進国と後進国の二重構造が存在するのに等しい》と書いたのだ。

二重構造は流行語化した。だが、下村治らの高度成長推進派は、日本人の能力を信じ、その能力を十全に発揮しさえすれば、経済は成長し、成長することでその格差がなくなっていくと考えた。

当時経済企画庁にいた宮崎勇によれば、

「それは、ある意味で哲学的だったといってもいい。新しい近代化とは何か、特に経済の近代化が新しい日本を造るという明確なビジョンがあった」

という。

その高度成長推進派が窮極の目標としたのは完全雇用に近い状態を作り出すことであった。とりわけ、戦後のベビーブームの時代に誕生した若者たちが労働市場に出てくるとき、彼らをいかに吸収するかが大きな問題だった。一九四七年（昭和二十二年）生まれのベビーブーマーの第一陣は、一九六三年（昭和三十八年）には中学を卒《お》え、労働市場に新規参入してくるのだ。できるだけ速やかに雇用を創出しなくてはならない。だが、彼らすべてに就業機会を与えることができるだろうか。もし、できなければ、社会不安を呼び起こすかもしれない。それは極めて切実な政治課題だった。

しかし、日本経済の高い成長は、就業機会の「増加」を超えて、労働力が「不足」するという時代を目前に呼び込んでいた。高度成長推進派にとってさえ、それほど急激な変化が起きているとは予測できなかった。

2

一九五〇年代後半から六〇年代前半にかけての日本経済の、もっとも切実な課題は「自由化」にどう対処するかということだった。多額のドルが流出し、「ドル防衛」を至上命令とするアメリカから、貿易の「自由化」を強く迫られていたのだ。開放経済への移行は世界の趨勢《すうせい》だったが、日本にとってそれは、いわば「第二の開国」であった。

当時の日本で、この「自由化」はどう見られていたか。

ひとつの見方としては、たとえば九州大学教授で貿易論が専門の吉村正晴の次のような意見がある。

吉村によれば、「自由化」とは一九五八年を境に始まった資本主義列強の世界戦略であるという。アメリカは「自由化」によってヨーロッパと日本の市場に大量の商品を売り込むことができるようになるだろう。西ドイツやフランスはヨーロッパとアフリカの市場の支配権を手に入れることができるかもしれない。しかし、日本にはほとんど利益はない。

《後進国市場を主な対象とする日本の大工業の市場問題に貢献するところは僅《わず》かである。日本の場合は、自由化による積極的な利益は少ないと言って差しつかえないだろう》

（『自由化と日本経済』）

これに対して、下村はこう考えていた。

経済成長とは合理化や近代化によって生産力が拡充強化され、国民の生活水準が上がることである。一方、「自由化」とは、国際的にも国内的にも、非能率産業を再編成して高能率産業に資源を集中するということに結びつくもののはずである。つまり、資源の配分を合理的な方向に変えていくことになる。だとすれば、と下村は『日本経済成長論』で書いている。

《経済成長ということは、本来自由化を条件として含んでいるはずであって、また自由化という条件がなければ、経済成長は相当重大なゆがみを与えられることになる。自由化は経済成長と対立するということではなくて、自由化は本来経済成長の基礎的な必要条件の一つということになるわけである》

一方、産業界は、そうした二つの見方の間で揺れていた。確かに、日本経済が大きく飛躍するためには「自由化」が必要であるのかもしれない。それは一般論として理解できなくもない。しかし、各産業を個別に見ると、これで果して欧米企業に太刀打ちできるのか、対等に闘うことができるのか、という不安は拭《ぬぐ》いがたく存在した。

当時の日本において、「政・財・官」のトップによって構成される明確な意思決定機関が存在していたわけではない。しかし、さまざまなレヴェルの公的な会合や私的な付き合いを通して、ゆるやかにひとつの方向が決められていくシステムがないというわけでもなかった。それを見えない「司令部」とでも呼ぶとすれば、その「司令部」の一九六〇年代の最大の課題は、いかに「自由化」をサボタージュしつつ国内産業を強くするか、というところにあった。

《自由化に対処しなければならない大企業にとっての至上命令は、一日も早く対外競争力を持つための資本設備の革新、強化であった。そのために各企業は外国の最新の技術をきそって導入し、今までにない膨大な投資を強行した。……一方では自由化の延期がはかられた。と同時に、他方では、所得倍増計画による景気の刺激が利用された。これによって、投資は今まで以上に拡大し、資本設備の強化革新がはかられる一方、景気の上昇による利潤の増大は、さらに蓄積の強行を可能にした。また、好景気によって得られる利益は減価償却にまわされ、自由化の段階で機械設備の費用を考えることなしに競争にうって出られる体制がつくられるなど、対外競争力はこの段階でいちじるしく強化された》(『保守と革新の日本的構造』)

伊東光晴のこの分析は、一九六〇年代になぜ「ブーム」としての「所得倍増」が必要だったか、なぜ財界、とりわけ産業界に池田待望論が強かったのか、その底流にあった利害について正確に教えてくれている。

日本は、一九五九年から段階的に輸入制限を撤廃して恐る恐る「自由化」に足を踏み出してはいったが、アメリカを満足させる自由化率にはとうてい達しなかった。そこで、日本政府は、「貿易為替自由化促進閣僚会議」の名によって、「昭和三十五年五月までに自由化計画を作り、三年後には完全自由化する」という基本方針を発表しなくてはならなくなる。

3

この「自由化」という「第二の黒船」の襲来に比べれば、「安保改定」などはそれほど重大な問題ではないと、少なくとも「司令部」は考えていた。事実、与党はもちろん、野党の政治家たちでさえ、「安保」がその年の一年を揺り動かす大争点になるとは思っていなかった。

二年前から日本とアメリカとの間で交渉が繰り返されていた日米安全保障条約の改定は、一九五九年十二月に至ってようやく妥結した。

この改定を積極的に推し進めたのは日本の総理大臣である岸信介だった。「自主外交」をその政権の柱に据えていた岸は、なにより吉田茂の手によって結ばれた日米安保条約の不平等性を是正したいと考えていた。確かに新しい安保条約では、いくつかの点でその不平等性が改められることになった。しかし、それは同時に、日本にも引き受けなければならない義務が増えることを意味した。とりわけ大きな問題となったのは第六条だった。

《第六条　日本国の安全に寄与し、並びに極東における国際の平和及び安全の維持に寄与するため、アメリカ合衆国は、その陸軍、空軍及び海軍が日本国において施設及び区域を使用することを許される》

これはいいかえれば、アメリカが「極東」で戦争する場合、日本がその基地になるということを受け入れるということでもあった。つまり、戦争が始まれば、アメリカ軍の基地としての日本もまた戦場になりうるということだった。

一九六〇年一月十九日、アメリカのワシントンで新たな「日米安全保障条約」が調印された。これが第三十四通常国会に提出され、日米安全保障条約等特別委員会で審議が開始されたのが二月十九日である。

野党をはじめ、ジャーナリズムはいっせいに条約に対する疑問を投げかけた。労働組合員や学生たちを中心に反対運動が展開されるようになった。新安保条約に対する疑問点は、「事前協議」には抜け穴があるのではないか、といったものから、条約の適用地域、とりわけ「極東」の範囲が曖昧《あいまい》すぎる、といったものまで多岐にわたっていた。だが、そうした論理的な「疑問」は必ずしも反対運動に結びつかなかった。その前年から少しずつ湧《わ》き起こりはじめていた反対運動を支えていたのは、この条約によって再び戦争に巻き込まれるのではないか、巻き込まれるのはいやだという「心情」だった。

国会審議は果てしなく続けられたが、岸内閣には条約を批准しなくてはならない期日のデッドラインがあった。六月十九日にアメリカの大統領であるドワイト・アイゼンハワーが来日することが決まっていたのだ。

この年、日本とアメリカとの間に通商条約が結ばれて百年になろうとしていた。それを記念してアメリカの大統領としては初めてのことになる「訪日」をしてもらう。それは、岸信介にとって、新しい日米安保条約の批准と並ぶ輝かしい外交的な成果となるはずだった。

ところが、国会審議によっていくつかの問題点が浮上するにつれて、「自主外交」を目指した岸内閣の思惑とずれ、新しい安保条約が「対米従属」の象徴のように見なされるようになってきた。岸信介の「自主外交」は明らかにナショナリズムに支えられてのものだったが、「戦争は御免だ」という感情とアメリカへの根深いところにあった反感が結びつき、「反安保」の運動はもうひとつのナショナリズムに支えられるようになって急激に勢いを増してきた。

しかし、岸内閣、とりわけ総理大臣の岸信介は、アイゼンハワーが日本に来るまでにどうしても条約を批准しなくてはならないと考えた。訪日の一カ月前までに衆議院を通過させれば、たとえ参議院で紛糾しても「自然承認」される。つまり、逆算すると、五月十九日までにどうしても衆議院を通過させせなくてはならない。

そのため、岸内閣は衆議院での強行採決を決意する。五月十九日の夜、岸は院内に五百人の警官を導入し、本会議開催を絶対に阻止しようとする野党議員やその秘書団を排除し、採決に持ち込んだ。この「強行採決」が「反安保」の運動に火をつけたといってよい。

それまで、「革新」陣営の組織する「反安保」の運動は、国民のあいだに決定的な広がりを持ちえないでいた。総評議長の太田薫は、反安保闘争は「重い」、つまり運動に広がりを持たせるのが難しいと感じていたし、国民も、闘争は動員された労組員と過激な学生だけの行動という受け止め方をしていた。ところが、衆議院における「強行採決」が平均的な国民の感情をも硬化させた。

請願、つまり衆参両院議長に大量の請願書を提出するという方法の再発見によって、国会議事堂周辺のデモの渦に一般市民が登場するようになる。国会議事堂は連日デモ隊に取り巻かれ、その運動の中でデモの参加者の間に政治的に昂揚《こうよう》した気分が横溢《おういつ》するようになる。参加者は、もしかしたらこれで政治的な潮流が変わるかもしれないと考えるようになった。

六月十日には、アイゼンハワーの訪日についての打ち合わせをするため、秘書であるジェイムズ・ハガティーが羽田に降り立ったが、空港ビルは全学連反主流派の学生たちのデモ隊に占拠され、車ではなくヘリコプターで脱出するという事態に見舞われる。十一日の「反安保」の統一行動には、全国三百六十六の会場に約二百五十万人が参加したといわれている。

そして十五日。第二波の実力行使は労働組合員五百八十万人が参加したが、集会やデモ行進は比較的平穏に行なわれた。

しかし、国会周辺は十万人のデモ隊であふれ、別の熱気がこもった。そこに右翼による襲撃が加えられ、全学連が警官隊と衝突、国会構内に突入することになる。そして、その渦中で女子学生の樺美智子《かんば》が死んでしまう。警官隊は実力で学生たちを排除し、催涙弾まで発射する。その夜、学生の逮捕者は百八十二人にのぼり、負傷者は千人を超えることになる。

ここにおいて、政治的な危機は頂点に達する。自民党の政治家ばかりでなく、野党の政治家たちも狼狽《ろうばい》しはじめた。

――これはまるで革命前夜という状況ではないか？

ハガティー事件以後、閣僚たちのあいだでは自衛隊の出動が論議されるようになっていたが、そうした中、岸派の重鎮で防衛庁長官でもあった赤城《あかぎ》宗徳《むねのり》は岸信介に呼びつけられる。

赤城は、その十三年後に出版された『今だからいう』の中で、次のように書いている。

《あれは、六月十四日か十五日のことだったろうか、南平台の首相私邸に呼ばれたわたしは、岸首相からじきじきに、自衛隊出動の強い要請を受けた。岸さんの私邸の周りを取りまいたデモ隊は、〝安保反対〟〝岸を倒せ〟のシュプレヒコールで、何十回となくデモ行進をしていた。

わたしは、この事態においても、アイク訪日に自衛隊を出動させるべきでないことを直言した。

悲壮な、まったく息づまるような一瞬であった。岸首相は腕組みをしたまま、黙って聞いていたが、最後にはついに納得してくれた》

ここで赤城は「十四日か十五日」と無造作に記しているが、そのどちらであるかは極めて重要である。もし十四日なら樺美智子が死亡する前であり、十五日ならそのニュースを聞いた直後ということになるからだ。赤城は『私の履歴書』の中では十五日と書いている。そのため研究者の多くは十五日説を採《と》っているが、たぶん十四日が正しいと思われる。もし、十五日の夜に首相の私邸で赤城との話し合いが行なわれていたとしたら、二人の会話の中に女子学生の死についてのことが出ないはずがない。それを踏まえての自衛隊出動の可否ということになったはずなのだ。それに、当時の新聞を調べてみると、十五日の夜は深夜から十六日の未明にかけて首相官邸で臨時閣議が開かれている。もし、十五日の夜に会談しているものなら、女子学生死亡のニュースを聞いてから南平台の首相私邸に入り、そこを出てから今度は永田町の官邸に行ったということになる。それはひとつづきのものとしてかなりはっきりと記憶に残っているはずのものだが、赤城の書き残した文章によるとその三つの出来事は分断されている。

国会を取り巻くデモが激しい盛り上がりを見せた十四日の夜、赤城は岸の要請を拒絶したのだ。

アイゼンハワーの訪日は延期されることになり、「反安保」のエネルギーは、岸信介という個人への反感、憎悪から、「岸退陣」ひとつに絞られていく。財界はすでに岸を見限っていた。財界からは、「批准までだからがんばれ」と露骨な激励が飛ばされたりしていた。

だが、この「反安保」のデモのうねりの中で、ひとつの重要な決定がなされていた。デモが最高潮に達しているはずの六月中旬、それまで着々と検討されてきた「黒船打倒策」、つまり「自由化計画大綱」が閣議決定されたのだ。「反体制」の側が「体制」の崩壊を夢見ている頃、その「体制」の側は十年後の日本のための戦略を冷静に練っていたということになる。

そしてまったく同じ頃、経済企画庁から諮問《しもん》された経済審議会でも、「所得倍増」計画の審議を少しずつ進めていた。もちろん、実際的な数字や統計を提供するのは経済企画庁だった。審議会が基本構想を出すために必要なデータを経済企画庁職員がそろえる。当時、マサチューセッツ工科大学留学から帰ったばかりの宮崎勇は、「下士官くらいだった」から、「安保」に揺れているさなかも、連日遅くまで手動式計算器を使って数字をはじき出していた。

「そのときは、すぐれた方法論を駆使していると思っていたけれど、いま思うと、都留さんがおっしゃるように、オモチャの鉄砲で塹壕《ざんごう》を掘るようなものだったかもしれない」

その頃、経済企画庁は大蔵省に間借りしていた。宮崎の属する計画局が入っていた一角は桜田通りに面しており、国会へ向かうデモ隊が潮のように切れ目なく続いているのが窓ガラスを通してよく見えた。その足音を耳にし、その姿を横目で見ながら、宮崎らは「計画」としての「所得倍増」のために手動式計算器のキーを懸命に叩《たた》きつづけた。

六月十九日午前零時、新たな「日米安全保障条約」は参議院を通過しないまま「自然承認」される。

さらに六月二十三日、新安保条約の批准書が取り交わされると、その直後の緊急臨時閣議において、岸信介が総理大臣の辞意を表明することになる。

池田は「安保」に対し慎重な態度を取った。その年、彼は一月に日中問題について積極的な発言をして以来、ほとんど沈黙を守り、通産行政に専念した。岸辞任を目前に、彼はことさら慎重に身を処した。官房長官の椎名悦三郎から「この時期にあまりバタバタしない方がいい」、つまり次はおまえだからという好意ある忠告を受け、反岸の旗色を鮮明にすることなく、しかし同時に、「安保」の国会通過に際しての批難の矢面《やおもて》にも立たなかった。たとえば、五月十九日の衆議院における「強行採決」に際しては、記者たちの質問に対してこう答えている。

「夜、十時十分ごろ岸首相、川島幹事長から意見を求められたが、私は一貫して執行部に一任の態度をとっていたし、この問題はなによりもまず議長がどう考えるかにかかっていると考えたので賛否はいわなかった」

その結果、総裁レースの最終コーナーで、もっともよい位置につけることが可能になった。

幹事長の川島正次郎による話し合いでの決着が暗礁に乗り上げ、総裁は自民党の衆参両院議員の選挙によって選ばれることになった。いわゆる「総裁公選」である。その総裁選には、池田と石井光次郎の他に、藤山愛一郎、松村謙三が立候補した。

総裁選への立候補を宣言する際、池田は所信の表明をした。

一、議会政治と政治家に対する信用を回復し、社会不安の原因を取り除くためには、なによりも反対党に対する寛容と忍耐の精神が必要である。

一、社会秩序確立のため取り締まり法規の強化、警察力の充実を要望する意見もあるが、国民に信頼される政治を行うことが先決要件である。

一、国民総生産を十年後に二倍以上にすることを政策の目標として掲げる。働く意思と能力を持つすべての人に職を与え、農業と商工業、あるいは大企業と中小企業の間にある所得格差を解消し、全国民の生活水準を先進国並みに向上させるために建設的な措置を講ずる。

一、施策の重点を文教におき、財政的裏付けで充実をはかる。

一、このため自由陣営からは信頼され共産陣営からは尊敬されることによって平和と自由な国際協力の基盤を保つことができる。

一、なによりも自民党の党風を刷新し、底力のある政治を担当しうる基礎を固めなければならない。

これは日本経済新聞に載った「要旨」だが、その中の経済政策の部分は下村が書いた。下村は、この「反安保」のうねりを、自分たちがどこへ向かって進んでいけばよいかわからない国民の苛立《いらだ》ちだ、と見ていた。「日本国民の生きる道はちゃんとあるのだということを明示すれば、その苛立ちは消える」という固い信念があった。池田の手になる「所得倍増」がそのひとつの道になるはずだった。

そして七月十四日、日比谷公会堂で行なわれた自民党の総裁選挙は池田の圧勝に終る。その日の夕刊は、きわめて劇的な紙面となった。池田の満面の笑みの写真の下に、岸が右翼に刺された記事が載り、さらにその下にはアメリカ民主党の大統領候補にジョン・F・ケネディが選ばれ、にこやかに笑っている。

まさにこの日の夕刊の第一面は、時代が一九五〇年代から六〇年代に完全に移行したことを告知するものだった。

第十章

邪教から国教へ

「所得倍増」には四つの側面がある、といった。「発想」として、「計画」として、「政策」として、「ブーム」として、の四つである。これらはひとつのものの四つの貌《かお》であると同時に、時の経過による相の変化である、ともいった。

「発想」としての「所得倍増」は、池田勇人とそのブレーンたちによって、一九五九年(昭和三十四年)六月までには、単なるアイデアの域を超え構想としてのかたちを取りはじめていた。しかし、それがひとつの内閣の政策思想となり、現実化するというまでには至らなかった。入閣したとはいえ池田は一閣僚にすぎず、岸に密着した完全な主流派とはなりきっていなかったからである。だが、「所得倍増」が保守の新しい構想力の産物である、という直観は岸周辺の政治家たちにもおぼろげながら存在した。彼らには、その底にある経済観は理解しがたいものだったが、「所得倍増」という惹句《じやつく》だけは貴重なものに思えたのだ。だから彼らは、まず、それを流行《はや》りの「長期計画」化し、彼らの内閣が経済問題に積極的に取り組んでいるところを見せようとしたのだ。

図式化すれば、池田とそのブレーンが生み出した「発想」としての「所得倍増」が、

1

福田赳夫《たけお》の機転により岸内閣のもとにかすめとられ、経済企画庁の「計画」化という長いトンネルに放り込まれる。だが、そのトンネルはあまりにも長すぎ、「所得倍増」が「国民所得倍増計画」の衣裳《いしよう》をまとってトンネルを抜け出たときには、向う側で待っていたのが放り込んだ者ではなく、「発想」をかすめとられた人びとだったという皮肉な巡り合わせになる。しかし、池田たちにとって「計画」は継子《ままこ》のようなものであり、それとは別に「政策」としての「所得倍増」を策定する。そして、「発想」としての「所得倍増」が論議される頃から静かに燃えつづけていた「ブーム」の炎が、それを生み出した人物が天下を取ったと同時に爆発する。その後の高度成長が主として民間の設備投資の増大によってもたらされたとすれば、「ブーム」としての「所得倍増」が何よりも重要な役割を果たしたといえる。

池田にとって幸運だったのは、「計画」としての「所得倍増」が岸内閣の手に渡されなかったことである。もし「計画」化が早くなされ、岸内閣の手に渡っていれば、「所得倍増」が明確な思想のもとに「政策」化されることもなく、「ブーム」となることもなかっただろう。その処女性を失うだけで棚ざらしのまま、それまでのいくつかの政府による長期計画のように意味のないものとなって消えただけだろう。そして、一九六〇年代の政治状況は決定的に異なっていたかもしれない。

では、「計画」としての「所得倍増」はどのような運命を辿《たど》ったのか。

経済企画庁で「所得倍増計画」策定の責任者となった大来佐武郎は、「計画」成立までを次のように説明する。

まず、一九五九年（昭和三十四年）七月、総理大臣の岸信介から計画を作るように依頼される。十一月、経済企画庁は経済審議会に諮問する。一九六〇年五月に経済審議会が基本構想をまとめ、十一月にすべてをまとめた答申が出される。そして十二月、閣議決定された。

しかし、その経緯をもう少し微細に見てみると、それほど坦々とした道のりではなかったことに気づく。右に揺れ、左に揺れ、時には流産しかかったこともある。

第一に、経済企画庁そのものがこの「計画」を歓迎していなかった。一九五七年にすでに「新長期経済計画」が作られたばかりであり、長期的な展望に関しては「二十年後の日本経済」という試算を新たにしていたからだ。

第二に、「今まで十一もの政府長期計画に参加したが、どれひとつ役に立ったものはない」という稲葉秀三のような「計画」無効論者が多かった。

第三に、本来は支持する側であるべき下村治からの批判があった。下村によれば、計画によって成長率が設定されたりすると、逆に足かせになってしまうことがある。計画は、計画以外の可能性を否定しがちだというのだ。「経済は常に一定の割合で成長すべきであり、一定の割合を保って成長することが、安定的な成長であると理解」している人びとの手による計画は、成長していこうという経済にとってマイナスでしかないというのだった。

岸は、次年度の予算に「計画」を織り込もうとした。大来に秋までに大筋を決めるよう要請したのもそのためだった。経済企画庁側は、準備に一年、仕上げに半年の期間が必要だと答えたが、押し切られ、経済企画庁が作成するというのではなく、自民党の基本構想作りをサポートするという建前で、秋までに作り上げることを承諾する。

夏の終り頃、自民党と経済企画庁との打ち合わせ会で、十年後の日本経済の大筋の試算が提出される。それによれば、年平均成長率を七・二パーセントとすれば、十年後の国民所得は二十二兆四千億となる、という。しかし七・二という数字は十年後に二倍にするための単純な数字にすぎなかった。たとえば、百円の金を七・二パーセントの複利に廻せば二百円になるというだけのものだった。可能性の数字でなく、「二倍」という与えられた最終目標値に合致させるための単なる数字合わせにすぎなかった。

経済審議会、というより経済企画庁が七・二パーセントに固執したのは、役人の保守性もあったかもしれないと宮崎勇はいう。

「十一パーセントはともかく、九パーセントは可能性の中になくはありませんでした。しかし、それを打ち出すのはあまりにも危険すぎるように思えたんです。そんな危険を冒《おか》すより、とにかくリーズナブルなのは七・二パーセントなんだからそうしておこうということになりましてね。そう、リーズナブルというのは、安全と同義のものと考えてもらってもいいかもしれません。それに、高度成長論の反対意見としては、これからはやはりせいぜい五パーセント内外だろうというのも根強くて、それに引っ張られたというところもありました」

この試算は二つのところからクレームがつく。下村が危惧《きぐ》したように、成長を促進するためでなく、日本経済の爆発的な成長を恐れ、それを抑えるために独自の構想を練ろうとしていた大蔵省と、農業生産者の格差是正が考慮されていないと突き上げる自民党のコメ議員たちからである。

しかし、一九五九年十月十三日、その基本構想は反対をおして発表された。十月二十日には閣議決定され、「計画」は次年度の予算に盛り込まれるはずになっていた。が、そこで大蔵大臣の佐藤栄作が強く反対した。計画の基礎数字に中途半端なものが多く、あれでは国会で追及された場合、答弁に困るというのだった。閣議では同調する者が多く、「計画」はついに白紙に戻される。

この基本構想に賛成したのは農林大臣となっていた福田赳夫くらいだった。白紙にされたことで、「所得倍増」は一年後にブーメランのように池田の手に戻る。

十一月、経済企画庁は、経済審議会に諮問することにし、「計画」は長いトンネルの中に入ってしまったのだ。

2

一九六〇年七月の池田内閣の成立は、経済審議会と経済企画庁の「所得倍増計画」策定作業に弾みを与えることになった。

だが、この頃、すでに宏池会では、もうひとつの「所得倍増計画」とでもいうべきプランを持っていた。池田が通産相時代に依頼し、下村が作り上げたものだった。

経済審議会では、十七の専門小委員会が設けられ、二百人を超える学者、評論家、ジャーナリスト、実務者が動員された。そこから出された関係資料は、積み上げると二メートルを優に超える分量になった。

経済企画庁と経済審議会が大人数でひとつのものをまとめあげようと四苦八苦しているとき、宏池会ではほとんど下村が独力で「計画」を完成させていた。

この頃、雑誌「ミリオネア」の編集長田中與造が下村の家を訪ねると、下村は畳一畳ありそうな表を取り出して、

「この中にすべてがある」

といったという。

「ミリオネア」は田中の個人誌ともいえる小さな経済雑誌だったが、その中心的な寄稿

家として高橋亀吉と下村治を擁していた。本来は「産業と産業人」という誌名だったが、一九六〇年代の高度成長を予感し、「せめて国民が百万円を持つことができる社会になること」への期待をこめて、「ミリオネア」つまり百万長者としたのだ。この無名の雑誌に高橋と下村が常時執筆していたのは、何よりも田中の熱意によるものだったが、逆にいえば高度成長論者の拠点がこの雑誌以外にさほどなかったからでもある。「ミリオネア」は成長論に全面的に同伴し論陣を張った例外的な雑誌としての光栄を担っている。

「経済観測の長距離用の大砲としての下村さん、短距離用の機関銃のような高橋さん、このお二人を初めて会わせたのが私の雑誌での対談でした。高橋さんが、早い時期から下村さんを『われわれの同志だ』といってらっしゃったんです」

しかし、一九七〇年代に至り、高度成長が終焉《しゅうえん》するや、「ミリオネア」はその使命を終えたかのように終刊への道を辿ることになる。

ところで、田中の見た表が、「畳一畳ほど」であったとはいくらかオーバーな表現だが、下村の手になるもうひとつの「所得倍増計画」の「すべて」であることは間違いなかった。もちろん、下村の経済観の基底には、自由な企業家精神への信頼がある。時として計画はその自由さを奪い、伸びる力を抑えつけることがある。下村には「計画」に対する本質的なところでの不信感があった。

だから、この表も「計画」というより「可能性の追求」といった方がよい性質のものだった。この表は何回かの推敲《すいこう》を経て、一九六〇年八月十九日に決定稿の完成を見る。それは「成長政策の基礎理論」としてのちに公表され、『日本経済成長論』に収録された。その本の「まえがき」にはこう記されている。

《私は経済成長についての計画主義者ではない。……計画主義は私の立場ではない。私の興味は計画にあるのではなくて、可能性の探究にある。だれかのつくった青写真に合わせて国民の活動を統制することではなく、国民の創造力に即して、その開発と解放の条件を検討することである》

ここには経済企画庁の「所得倍増計画」とは根本的に異なる考え方がある。経済企画庁の「計画」は、かつて福田がその枠組を決めた「十年で二倍」を至上命題とし、そうするためには経済成長を何パーセントにするべきかを「決定」しようと考えたのに対し、下村は合理的な経済運営がなされるならば十年後にはどれだけ伸びる可能性があるかを「予測」しようとした。

「成長政策の基礎理論」には、われわれは、今後十年間に、国民総生産を二倍どころか二・五から三倍に近づけうる可能性があると判断する、といった大胆な文章と並んで、一六ページに及ぶ膨大な一覧表が掲げられている。一九五一年（昭和二十六年）度から一九五九年（昭和三十四年）度までの「統計」と一九六〇年（昭和三十五年）度から一九七〇年（昭和四十五年）度までの「予測」が、第一番目の設備投資から始まって第八十五番目の全産業就業者の項目まで、びっしりと計算されている。

この表で特徴的なことは、「物価騰落率」の「予測」欄が空白になっていることを除けば、あらゆる計算の源泉になっているのが設備投資額だということである。下村によれば、経済成長は「実質的な生産能力の拡充が、それに対応した総需要の膨脹によって、現実の国民総生産として実現される過程である」と定義される。そして、その実質的生産能力を拡充する中核的な要因が民間設備投資だというのである。この数値を推定することが重要な意味をもってくるが、下村の心酔者にも、この数値のつかみ方だけは模倣できなかった、という。これだけは下村に独特なものであり、純粋な合理性を超える何かがあるのかもしれない、と彼の心酔者たちにも思えるときがあった。

この「表」の作成は、下村の手になるものだが、すべてをまったくひとりで作り上げたというわけではない。

下村はいう。

「具体的な計算は東君たちにしてもらいました」

ここで「東君たち」というのは、大蔵省で下村の影響を強く受けた調査課の若手スタッフをさす。香川鉄蔵の勧めで開くようになった雑談会に集まってきた若手の中で、向学心の強い何人かが自然に下村を中心にまとまり、下村理論の基礎データとなる数字の算出や試算といった具体的な作業を分担するようになる。そのひとりである神谷克巳によれば「人柄と理論に魅せられたから」ということになる。だが、彼らには、下村と関わることで彼ら自身の存在意義を見いだそうという潜在意識がなくもなかったように思われる。大蔵省内で必ずしも厚遇されなかったこの傑出した経済理論家の協働作業者となることによって、自らを持することができたと考えられるからだ。彼らのすべてがいわゆる「ノン・キャリア」だった。彼らもまたある意味で大蔵省の「ルーザー」たちだったのだ。

東淳、神谷克巳、富田純次郎、そして海老沢道進《えびさわみちちか》らこのグループは、下村、高橋らの「木曜会」が始まるのに前後して、田村の手によって組織され、ひとつの勉強会を持つようになる。大蔵省での仕事を終え、土曜の午後から始められたので「土曜会」という名がついた。田村を中心に英文の原典による成長の経済学を勉強した。春と秋には田村が温泉などに招待し、大学のゼミ旅行のように愉《たの》しい時を過ごしたという。

「土曜会」は成長理論の勉強会であると同時に、下村理論の実働部隊でもあった。一九六〇年三月号の「進路」には、彼らによる「所得倍増実現の可能性を探る」という連載物が開始されている。田村は、池田内閣の成立にそなえ、岸政権下の「計画」としての「所得倍増」がどのような運命を辿《たど》り、どのような結論が出ようとも、彼らが大切に育《はぐく》んできた「発想」としての「所得倍増」を「政策」化するためにすでに準備を進めていたのだ。

田村は、経済に関する「問題」が起きたとき、あえて下村の手をわずらわせるほどのことではないと考えると、「土曜会」のメンバーに依頼することが多かった。

東は、通産大臣時代の池田に、田村を通じて呼び出されたことがあった。国民所得というものがよくわからないので説明してくれないかというのだ。そこで、国民所得というのは、生産と分配と支出の三つの面を持ち、それぞれの額がぴたりと合うようになっていることを教えた。すると、池田はすぐにソロバンを持ち出してきて、手近にある国民所得統計の数字で試しはじめた。そして、実際に合うことを確かめると、

「本当だ」

と面白がり、とても喜んだという。

また、これは池田が総理大臣になってからのことだったが、神谷、東、富田らのメンバーが信濃町の私邸に呼び出された。消費者物価が上がり、高度成長政策の「ひずみ」だと批判されるようになっているが、それに対してどのように反駁《はんばく》したらいいかというのだ。神谷らは、さまざまな数字を列挙し、国民の所得が増えていること、就業構造が変化していること、サーヴィス産業での手間賃が上がっていることは決して悪いだけではないことなどを説明し、若干の物価の上昇はあるものの、高度成長によって国民経済は良い方に向かっていることを、夜遅くまで「進講」した。

すると、池田は翌日の演説で、それらの数字を自分なりに咀嚼《そしやく》し、しかも神谷たちが

説明した通りの言葉を使って「ひずみ論」を論駁《ろんばく》してくれた。それを聞いて「やったな」と感激し合ったことを覚えている、と神谷はいう。

下村もまた、池田と同じく数字を好むところがあった。

さまざまな統計表を前にしてじっと数字をにらんでいるという光景を近くにいた人たちはよく見ている。そして、おもむろに計算尺で計算を始める。

一九五〇年代も半ばを過ぎる頃になると、下村はもう自分で統計資料を集めるということはなくなっていた。そのため、東たちは大蔵省のさまざまなところに必要な資料を取りに行くことになったが、中には省内の秘密に属するものもあった。そのようなときは、やはり、それを管理する者からいやな顔をされることがあった。

しかし、東によれば「この時期がいちばん愉しく充実していた」という。

「自分たちのしていることが、直接、国を動かすことにつながっていたのですからね。不思議な快感を覚えたものです」

それは、永く「邪教」とされてきた下村らの高度成長論が、いわば「国教」とでもいうべきものになりつつあることを強く感じ取れるようになっていた日々、ということでもあったろう。

一方、「計画」を策定すべき当事者である経済企画庁には、池田内閣が成立して「弾みがついた」という喜びの反面、「困ったことになるかもしれない」という危惧もないわけではなかった。

最初の記者会見の際に池田が「所得二倍はできるだけ早く実現したい」といったとき、すでにその危惧は現実化していた。

3

八月十九日、経済企画庁長官迫水久常《さこみずひさつね》は、閣議で、経済審議会が検討している「計画」の中間報告を行なった。そこでも、年平均成長率七・二パーセント、十年で二倍という基本構想に変化はないものとされた。それに対し池田は、八月三十日、七・二パーセントは控え目すぎる、日本経済の成長力はもっとある、倍増は二、三年早く実現可能だとして、経済企画庁に成長率の練り直しを命じた。この池田の背後に下村の決定稿の「二・五〜三倍」という「予測」があったことは疑いをいれない。

しかし、経済審議会の審議は、すべて七・二パーセントの成長率を前提にして成り立っているものであり、その前提を覆《くつがえ》すことは、作業のすべてを無にすることであった。そこから、間にはさまれた経済企画庁の「苦慮」が始まる。

九月七日には、ついに下村を経済企画庁に招き、下村理論の説明を受けるということまでする。

それまで、経済企画庁の進めている「倍増計画」に、下村はいっさい関与していなかった。同じ高度成長論者でも高橋亀吉は経済審議会の部会長として参画させられていたが、下村は小委員会の委員長としてすら加えられていなかった。稲葉秀三は「下村さんは総論は強いかもしれないが、個別的な産業についてはまるで弱いから」だと、いささか意地の悪い見方をしているが、実際は、経済企画庁にとっては肌合いの違う理論家を「敬して遠ざけた」のだと思われる。それに、下村にも、審議会というものに対する不信があった。

「私も大蔵省にいて審議会というものの性格がよくわかっていました。審議会の委員になっても事務当局の作った原案を通すための隠れ簑《みの》にされるだけです」

しかし、その下村の意見を無視しては、池田政権下では「計画」が円滑に策定できなくなってしまったのだ。が、やはり下村理論は受け入れがたい。下村のいう十一パーセント以上の成長率がこの日本の経済に可能であるはずがないと考えられた。

一方、池田は、経済企画庁が七・二パーセントという予測を変えないことに業《ごう》を煮やし、九月三日の政府自民党の首脳会議で、

「昭和三十八年度までの経済成長率を九パーセントと見込む」

と決定する。この九パーセントという数字は、経済企画庁の七と下村の十一を足して二で割った単純な折衷案《せっちゅう》だといわれる。だが、それを池田のおおざっぱな「勘」によるものとだけ考えるのは正しくない。この直前に、池田は田村を通じて、下村に「九パーセントと想定した場合」の試算をさせている。

経済企画庁の七・二パーセントと、池田をはじめとする政府与党の九パーセントとはついに折り合いがつかず、経済審議会の「国民所得倍増計画」は七・二パーセントをベースにしたまま十一月二日に正式答申される。

だが、ここに至ってもなお「計画」としての「所得倍増」の運命は確定しなかった。十二月二日に閣議決定される予定だったが、与党から控え目すぎるとの不満が出て、延期になった。

与党自民党は「国民所得倍増計画」とは成長率の予測の異なる「国民所得倍増計画の構想」を独自にまとめ、十二月二十四日に発表した。それらは単に成長率の違いだけではなく、依然として「安定」をよしとする経済観を尾のようにひきずっている経済企画庁と、その深い理論はよく理解できないものの、直感的に来たるべき高度成長の時代を感じとっていた自民党議員団との、本質的な差異でもあった。しかし、池田は何らかの方法でこの分裂をひとつにしなくてはならなかった。

そこで、一九六〇年の暮も押し詰まった十二月二十七日、その年の最後の閣議で、ひとつの閣議決定をする。

「政府は（経済審議会の答申した）『国民所得倍増計画』をもって昭和三十二年十二月十七日閣議決定の『新長期経済計画』に代わるものとするが、今後の経済運営にあたっては内外経済の実勢に応じて弾力的に措置するものとし、特に（自民党が決めた）『国民所得倍増計画の構想』によるものとする」

中山伊知郎が一九五九年一月の読売新聞に「賃金二倍を提唱」というエッセイを書いてから、ちょうど二年目にして「計画」としての「所得倍増」は成ったのだ。

第十一章

勝者たち

1

池田勇人が内閣総理大臣に指名されたのは一九六〇年（昭和三十五年）の七月十八日であり、辞任の意思を表明したのが一九六四年の十月二十五日である。新しい日米安全保障条約が「自然承認」されたのが一九六〇年の六月十九日であり、東京オリンピックの閉会式が行なわれたのは一九六四年の十月二十四日である。まさに、池田の時代は一九六〇年の「安保」から一九六四年の「オリンピック」までだったのだ。

オリンピックの理想がクーベルタンのいうように「シティウス、アルティウス、フォルティウス」、すなわち「及ぶかぎり速く、及ぶかぎり高く、及ぶかぎり強く」であるなら、東京オリンピックという「復興完了」のお披露目《ひろめ》を前にした日本経済の「掛け声」も、それとまったく同じだったといえる。より速く、より高く、より強く、と。

そして、比喩《ひゆ》的にいえば、「安保」と「オリンピック」という点と点を結んだのが「東海道新幹線」だった。池田勇人の時代は、「夢の超特急」の「夢」が「現実」化される時期にぴたりと重なり合う。

当時「夢の超特急」は単に夢のようなスピードで走るというばかりでなく、経済効率的にまったくナンセンスな夢物語と考えられていた。航空機需要の爆発的な伸びに押され、世界的な鉄道斜陽化の趨勢《すうせい》の中で、これほどの大金を投じるのは愚行以外の何物でもないと批難された。交通論を専門とする東京大学教授の今野源八郎は、どんなものでも消える前には超デラックス版を作りたがるものだと皮肉り、また、万里の長城や戦艦大和と並ぶ世界三大愚行とまで酷評するむきもあった。しかし、オリンピック開会式の直前に開業するや、航空業界を震撼《しんかん》させるほどの営業成績を収めるようになる。

池田の「所得倍増」は当初「夢の超特急」と同じように冷笑された。だが、「夢の超特急」がただの「新幹線」と呼ばれるほど一般化したように、「所得倍増」も「高度成長」が常態と受け取られる状況の中に、十年を待たずして風化していった。

建設中の東海道新幹線を視察に来たフランス国鉄の副総裁は、次のように語ったといわれる。

「新幹線の建設は、近代化された鉄道が決して斜陽化するものではないということを世界に示すもので、この大事業に対しては、フランス国鉄のみならず世界の鉄道が感謝すべきである」

この「新幹線」を「所得倍増」に、「鉄道」を「資本主義国」、あるいは「自由主義経済」に置き換えることも可能だろう。

一九六三年一月号の「進路」に、池田は「経済成長の目標とその歴史的意義」という文章を載せている。
《日本の国民が、この見忘られた極東に位しながら、西欧的水準の経済を建設し、これを維持しつつあるという事実は、ただそれだけで新興諸国の開発と援助の問題にとって意味のあることだと思う。はるかにおくれた位置から出発して、いかにして、西欧的経済水準にむかって離陸し、飛翔するか、この問題に対するはっきりとした答案を、日本の経済は、プログラムやスローガンや理論ではなく、その実績によって示していると思う。われわれは、また、国民の自由な創意と工夫を刺戟《しげき》し、創造力の自由な発揮を可能にすることが、いかに経済成長にとって有効であるかを、事実によって示しているわけでもある》
これは、しだいに強くなってきた「所得倍増」政策に対する批判を念頭に置き、池田勇人とそのブレーンが、自らの成長政策を擁護するために書いたという色彩の濃い文章だが、それを差し引いても、日本のこの経済的な成功が「資本主義国」、あるいは「自由主義経済」に果たした役割は極めて大きかったと主張することは正当なものだったろう。
「政策」としての「所得倍増」は、九月五日池田新内閣の「新政策大綱」として発表された。その中で、経済に関しては「今後十年間に国民所得を二倍以上増、完全雇用の実現」という長期目標と、「この三年間は経済成長率九パーセントを持続させる」という短期目標が掲げられていた。

その年の十一月に行なわれた総選挙で、自民党は無力な野党を蹴散《けち》らし、総裁の池田は三百議席の安定政権を作ることに成功する。保守の〈危機〉は去り、やがて〈蜜月《みつげつ》〉の時代がやってこようとしていた。「所得倍増」によって、政治の流れは確実に変わっていったのだ。

一九六〇年、「反安保」の運動に火がつきはじめた頃まだ小学生にしかすぎなかった私は、のちに「安保闘争史」といった書物を読むたびに、なぜかくも急速に「安保」後の政治状況が保守の側に有利な流れになってしまったのか、どうしてもわからないと感じることが多かった。敗北した側の文章は無数にあったが、勝利した側のそれはほとんど残されていなかった。敗北した側の視線だけではどうしても隠れてしまう部分があったからだ。

しかしいま、保守、少なくとも池田勇人とその周辺には来たるべき時代を見通すひとつの歴史観があったことが理解できる。歴史観というのが大袈裟《おおげさ》ならば、日本を動かしていく時代の流れを察知し、その未来を構想する能力があった。少なくとも、池田とその周辺には確実に一九六〇年代への構想力があった。

池田内閣が成立し、自民党の「新政策大綱」が発表された一週間後、社会党も「長期政治経済計画」というプランを発表した。それによると、社会党政権になれば「経済成長率を十パーセント、四カ年で国民所得を一・五倍にする」というのだ。

社会党の対応の仕方はあまりにも無残だった。池田内閣の提出した「経済成長」という保守の構想に対し、社会党はまったく別の次元での革新陣営の構想を対置することができなかった。いくら成長率を一パーセント多くいおうが、それはまったく無力だということを、池田とそのブレーンたちはよく理解していた。同じ土俵に上ってしまえば、権力を握っている者が強いことはあまりにも自明だったからだ。

社会党のこの計画を知って、田村敏雄は「勝った」と呟《つぶや》いたという。

2

池田内閣の政策の柱が「所得倍増」にあったとすると、その政治姿勢の根幹は「寛容と忍耐」という言葉によって表わされるものとなった。

これは、公式的には九月五日に発表された新しい政策の冒頭に掲げられたものだが、それより早く総裁選の立候補宣言の中に盛り込まれている。

《議会政治の信用を回復するためには何よりも寛容と忍耐の精神が必要である》

信濃町《しなのまち》の池田邸で、大平や宮沢ら側近が、政権を獲得するための「スローガン」として何がよいかを検討しているときに浮かんできたものだという。

　この「寛容と忍耐」という言葉がどこから出てきたかについては諸説ある。秘書の伊藤昌哉は、池田に聞いたところでは、と断わった上で『池田勇人その生と死』の中で次のように述べている。

　一九五八年、アメリカのシアトルで発展途上国のための「コロンボ会議」が開かれた。それに池田は無任所大臣として出席したが、そのときアメリカ民主党の前財務長官のジョン・W・シュナイダーと選挙の話になった。その直前に行なわれたアメリカの中間選挙でシュナイダーの属する民主党が大勝したのを受けて、池田が祝いの言葉を述べたのだ。すると、シュナイダーがこういったという。

「いや、じつは、勝ってたいへんなんです。アメリカの国会のなかには議運族というものがいる。国会の運営は、これらの人びとの手を通じて、ある意味では話合い、ある意味では妥協のかたちで行なわれる。ところがこんどの大勝で、反対党の共和党と下部の地方組織ではげしくたたかってきた連中が議席を占めた。その連中は話合いの基礎となる精神をもっていない。これからの議会運営がゴタゴタするのではないかとおそれている。なんといっても、民主主義の基礎は、ときの政治的優位者の寛容と忍耐なのです」

　それを聞いて、池田がこう応じた。

「日本にも『勝って兜《かぶと》の緒《お》を締めよ』ということわざがあります。強いものほど姿勢を低くかまえなければいけないのですな」

伊藤によれば、ここから「寛容と忍耐」は来ているというのだ。しかし、この説には無理がある。これが「寛容と忍耐」の母体となったとするためには、総裁選前の側近たちのブレーン・ストーミングのときに池田からこの話が出されていなくてはならない。しかし、伊藤自身が述べているように、池田の口からこれが語られたのは「総理になってから」である。つまり、それは、総理になってしばらくしてから、池田内閣の代名詞ともなった「寛容と忍耐」といえば、以前シュナイダーからも似たような言葉を聞いたことがあったな、と語られることがあったと考える方が自然である。

事実、このシュナイダーとの会話については、一九五九年一月に静岡で行なわれた演説会の中でも触れられているが、池田の口から「寛容と忍耐」という言葉は出てきていない。シュナイダーがいったのは「おめでとうといわれてありがたいけれども、われわれ民主党が国民の圧倒的支持をうけたことは神の声をそのまま反映したものだ、われわれは謙虚な気持でゆかなければアメリカの民主主義は滅びてしまう。本当に神の声を聞かなければという気持で一杯だ」という言葉だったと池田自身が語っている。「謙虚な気持」というのであれば、ごく一般的な言いまわしであるにすぎない。

当事者のひとりである宮沢喜一によれば、「寛容と忍耐」は大平と二人で考え出したものだという。「忍耐」は大平が、「寛容」は自分が考え出したものだったというのだ。

「忍耐」が大平だったというのはいかにもという感じがするが、一説によれば「忍耐」は初め「辛抱」とされていたが、それではあまりにも「貧乏臭い」として「忍耐」に変えられたのだという。では、「寛容」はシュナイダーの「謙虚な気持」という言葉からきているのか。宮沢も、「コロンボ会議」には池田とともに出席していた。シュナイダーとの会談に通訳を務めたのは宮沢だったろうから、それを記憶しての「寛容」だったとしても不思議ではない。しかし、宮沢に聞いたところでは、「寛容」の出典はシュナイダーではなく、『経済学原理』や『自由論』で有名なジョン・スチュアート・ミルだったという。

「当時は安保で岸さんが強権をふるわれたあとだったもので、あの大混乱を収拾するためにはとにかく忍耐が必要だろうということでした。しかし、それだけではなく寛容な精神も必要だろうということになったんです。私は子供のころにジョン・スチュアート・ミルをよく読まされましてね。ミルの本にはトレランス、寛容という言葉がよく出てくる。きっと、そこから寛容という言葉が出てきたんだと思います」

池田は七月十九日に総理大臣官邸で内閣記者団と初めての会見を行なう。このときの様子を朝日新聞が次のように報じた。

《会見は約四十分にわたったが、首相は終始〝低姿勢〟で懇切に答弁し、岸内閣末期の岸前首相の〝高姿勢〟とは対照的であった》

さらに朝日新聞は、翌日の「今日の問題」欄に、タイトルもそのままの「〝低姿勢〟」という記事を載せた。これ以後、池田内閣の政治姿勢としては「寛容と忍耐」と並んで「低姿勢」が強く印象づけられることになる。

こうしたキャッチフレーズや姿勢ばかりでなく、実際の政治手法においても、前尾を含めた大平、宮沢ら側近の影響力はかなり大きかったと思われる。側近という言葉にはどこか「茶坊主」といったニュアンスが含まれがちだが、彼らは文字通り池田のブレーン、頭脳だった。

前尾は池田の側近というより朋友に近く、一九四九年（昭和二十四年）京都から総選挙に打って出て当選して以来、池田の周辺に集まってきた議員たちを束ねる立場にあった。とりわけ池田の信頼は厚かった。一九六〇年に池田が自民党の総裁になると、一九六一年から続けて三期幹事長職を任されることになった。依然として体が弱いということが影を薄いものにしていたが、池田は秘書の登坂重次郎によくこういっていたという。

「俺の体に、前尾の頭があったらなあ」

その時点では、池田は前尾の頭脳に対する尊敬の念とともに、自分の体に絶大な自信を持っていたことになる。

そして、こうもいっていたという。

「しかし、前尾がいまの俺になるのには十年かかっても無理かもしれない」

大平は一九三六年（昭和十一年）に大蔵省に入省している。高松高等商業学校から東京商科大学を苦学して卒業するという変わり種だったが、それ以上に珍しいのは高松高商時代に洗礼を受けた敬虔《けいけん》なクリスチャンであったということだ。入省後、一九四五年（昭和二十年）には東久邇宮《ひがしくにのみや》内閣における大蔵大臣津島寿一の指名によって秘書官となった。一九四九年には経済安定本部の公共事業課長をしていたが、池田が大蔵大臣になると、半強制的に秘書官にされてしまう。一九五二年に大蔵省を辞め、香川二区から総選挙に打って出て当選、以後政界において池田と極めて近いところにいつづけ、池田内閣が成立すると官房長官に任命される。

また、宮沢は一九四二年池田の強い勧めによって大蔵省に入省すると、大平と同じく一九四五年には津島寿一大蔵大臣の秘書官になっている。さらに、池田勇人が一九四九年に大蔵大臣になるとやはり秘書官になることを求められ、大平とコンビを組むことになる。やがて池田が通産大臣を兼務すると、通産大臣の秘書官も兼務することになる。しかし、池田が失言によって通産大臣を罷免《ひめん》されると、いわば池田に殉《じゅん》じるというかたちで大蔵省を退省してしまう。さほど政治家になろうという意志があったわけではないが、ここでも池田に強く勧められ一九五三年の参議院選挙に広島地方区から出馬し、最年少で当選する。

「父は戦前、代議士をしていましてね。それが戦後に追放されてしまった。私の気持のどこかに、父の志を継いでやりたいというのがあったかもしれません」

この三人には共通点があった。

ひとつは、彼らもまた、池田や田村や下村と同じく、全員が大蔵省の出身者だったということがある。そのことは、彼らに、国内的には財政を通して国家という視点から考える習慣をつけさせ、国際的には大蔵省の役人としてGHQと対応することや秘書官として重要な国際会議に出ることなどを通して広い視野を持たせることになった。

さらにもうひとつの共通点は、彼らがある種の文人的な嗜好《しこう》を持っていたことである。彼らは池田がまったく書物を読まなかったのと対照的に読書を好んだ。そしてまた、政治家としては例外的に自らの手で文章を書くことを厭《いと》わなかった。前尾には『政治家のつれづれぐさ』『政治家の歳時記』という随筆集があり、大平には『春風秋雨』『風塵雑俎《ふうじんざっそ》』といった文集がある。また、宮沢には戦後の外交史を研究するための基本文献となっている『東京―ワシントンの密談』があるという具合だ。

《人間は本来自由を欲する。自由であることによって努力が生まれる。努力なくして進歩はない。また、努力しても進歩のない世の中にしてはならない。それにはできるだけ各人の自由を拘束しないようにしなければならないし、また、できるだけ平等にして競争のしがいのあるようにしなければならない。しかし、集団としては拘束、時に強制を必要とする。ところが存外原則が忘れられて、強制によって計画的に事をはこべば最も能率的であるかのように錯覚する。これは本末転倒で、逆に非能率となり、また、その不自由さに耐えられなくなる。かかる人間性を無視した政治は、政治ではないが、これがまた真の政治とまちがえられている》

これは前尾繁三郎の『政治家のつれづれぐさ』に収められている「政治とは何か」という文章の中の一節である。ここに極めてシンプルに語られているのは、国家主義的な強制力に基盤を置かず、自由な個人の力によって社会の進歩を期待するという、「柔らかい保守主義」とでもいうべきものについてである。

こうした彼らの志向が池田に影響を与えなかったはずはない。そして、そのことはまた、硬質なものと見なされがちだった池田の政治姿勢を、柔らかな印象のものに変えることに寄与することになった。

岸内閣の遺産は反面教師としての「低姿勢」につながったが、池田が得たものはそれだけではなかった。保守合同後の自由民主党を、派閥の連合体という要素は残したものの、とにかく強力な単一政党にもっていくことができたのは、岸の力だった。自民党がこの強力な単一政党という性格を持っていなければ、池田といえども所得倍増政策を推し進めることはできなかったかもしれないのだ。しかし、池田内閣は、賢明にも、その「力」を国会運営の場で行使することをしなかった。野党と激しく対立しそうな法案をほとんど上程しなかったのだ。

土師二三生《はじふみお》によれば、実際に池田は自民党内の右派勢力が強引に提出してくる「後ろ向きの法案」を通すことには消極的だったという。

《「後ろ向きの法案」とは、もちろん、「建国記念日」「国防省昇格」「農地補償」「金鵄《きんし》勲章年金」「在外財産処理」などだ。池田は、そのころ、

「こういう問題は、党内四分・世論六分の割りで意見を聞いたほうがいい。いまこそ内政・外交を通じて保守の中の進歩主義こそ大事だ」

と、自民党ニューライトの鼻祖《びそ》的なことをしゃべっている》（『人間池田勇人』）

前尾、大平、宮沢の三人は性格も違い、信条や生き方のスタイルも違っていた。そのため、必ずしも仲がよいというわけにはいかなかった。実際、池田の死後、宏池会の継承をめぐって、前尾と大平は決定的に反目し合うことになる。しかし、池田時代には、それぞれがそれぞれの役割を果たしていたのだ。

3

第一次池田内閣の組閣が行なわれたのは一九六〇年の七月十八日である。組閣を十八日としたのは池田が「八」という数字をとりわけ好んだからである。「八」には末広が

りの縁起のよさがあるとして、これ以降、池田内閣の組閣や改造には常に「八」の日が選ばれることになる。

一九六〇年十二月八日　第二次池田内閣成立
一九六一年七月十八日　内閣改造
一九六二年七月十八日　内閣改造
一九六三年七月十八日　内閣改造
一九六三年十二月九日　第三次池田内閣成立
一九六四年七月十八日　内閣改造

唯一、「八」の日でなかったのは第三次内閣の組閣時だが、これも「八」の日を目指したところ、衆議院議長の人選で揉《も》め、九日にずれ込んだためというものだった。

このように池田の「八」という数字に対する偏愛ともいうべき「ゲンカツギ」は強烈だったが、実は池田内閣にはもっと縁の深い数字があった。それは「三」である。

まず、池田は一九六〇年七月に自民党総裁に選ばれると、三度連続して選ばれることになった。それは一九五五年の民主党と自由党との保守合同によって自由民主党が成立して以来、最も長く総裁の座にあった人物となることでもあった。

そして、自民党の総裁に三度選ばれた結果、国会で総理大臣にも三度指名され、三次にわたる内閣を組織することになった。

三回の総裁選の中で、池田陣営がさほど苦労をしなかったのは二回目の再選時であり、もっとも困難な戦いとなったのが三選目となる三回目だった。

一九六二年七月に行なわれた池田にとって二回目の総裁選では、対抗馬を出馬させないことに成功し、形式的な信任投票で切り抜けることができたのだが、一九六四年七月の三回目はそう簡単にいかなかった。

前年から池田は、自民党内で佐藤栄作より河野一郎を重視するようになっていた。一般的には、一九六一年のいわゆる「実力者内閣」に農林大臣として入閣した河野の力量に感心したためといわれているが、河野としばしば間近に接するうちに豪胆にして細心な人柄に惹《ひ》かれたということがあったのかもしれない。一方、河野と激しく対立していた佐藤は、池田が河野重視をやめないかぎり闘わざるをえないとして立候補を決める。また、一九六〇年の総裁選で池田と争った藤山愛一郎も出馬してきた。

結果は——

投票総数　四百七十八票

池田勇人　　二百四十二票
佐藤栄作　　百六十票
藤山愛一郎　七十二票
その他　　　四票

一回の投票で池田の勝利は確定したが、投票総数に対する過半数は二百四十である。あとほんの少しで決選投票に持ち込まれる危険性があった。まさにきわどい勝利だった。

池田の総理大臣の在任中、日本の経済は下村の予想どおり高い率の成長を続けた。しかし、それは必ずしも一本調子の高成長が続いたわけではなく、三つの節目を持った。

第一は、一九五八年から続いていた、いわゆる「岩戸《いわと》景気」が一九六一年十二月にピークを迎え、下降局面に入ったことである。

第二は、一九六二年十月に「昭和三十七年不況」と呼ばれる下降局面が底を打ったことである。これ以降、ふたたび経済は上昇局面に入った。

第三は、一九六四年十月に、俗に「オリンピック景気」と呼ばれた景気の上昇局面のピークを迎えたことである。

つまり、池田はその在任中に一度不況期を迎えたということなのだ。

一九六一年、「所得倍増」の「ブーム」によって景気は過熱ぎみになった。その結果、物価が高騰し、国際収支にも問題が出てきた。そこで金融当局が引き締めをし、景気を冷まそうとした。それが一九六二年の経済成長率の鈍化を招くことになった。前年の十五・六パーセントから六・四パーセントに急落したのである。

この年の『経済白書』は、その下降局面をこれまでの高度成長を支えた要因が変化したためと捉《とら》え、日本経済は「転型期」にあるとした。これもまた、ある意味で日本経済に対する「悲観論」の変種といえた。名古屋大学教授の飯田経夫はいう。

《昭和三七年度『経済白書』が唱えた「転型期」論とは、ひとくちでいうと、いまや民間設備投資主導型の高度成長には限界が来ており、今後成長率の趨勢《すうせい》的な鈍化は避けがたいだろう、という考え方である。もっとも、『白書』自身はかなり慎重な表現でそれを説いているけれども、一般には、「高度成長の終焉《しゅうえん》」論としてそれを受け取る傾向がきわめて強かった》（『現代日本経済史・下』）

しかし、その予測に反して、高度成長は「終焉」しなかった。一九六三年には再び十パーセントを超える成長軌道に復帰することになる。

また、池田は、経済はともかく外交に関してはまるで「素人《しろうと》」だと考えられていた。しかし、池田は任期中に三つの地域を訪れ、それまでの総理大臣とは異なる人間的なつながりを基盤にした外交成果をあげることに成功した。

最初はアメリカだった。一九六一年六月にワシントンとニューヨークを訪問し、ワシントンでは大統領のケネディと二回にわたる直接会談を行なった。ケネディは池田を評価し、そのアジア観、とりわけ中国に対する意見に耳を傾けたという。

次はその年の十一月のアジアだった。まず西南アジアのパキスタンで大統領のアユヴ・カーン、インドで首相のジャワハルラル・ネルーと会い、さらに東南アジアに飛んで、ビルマでは首相のウー・ヌー、タイでは首相のサリット・タナラットと会っている。そこで池田は、戦後日本の経済的な成功を背景に、明治維新以来の自国の発展のプロセスを自信を持って説明したという。

そして、一九六二年十一月のヨーロッパである。西ドイツ、フランス、イギリス、ベルギー、イタリア、オランダを廻り、西ドイツでは首相のコンラート・アデナウアーと、フランスでは大統領のシャルル・ド・ゴールと、イギリスでは首相のハロルド・マクミランと会談した。

フランスではフィガロ紙に、「ド・ゴール大統領は池田を評してトランジスターラジオのセールスマンが来たようだと述べた」と揶揄《やゆ》されたが、西ドイツでもイギリスでも首脳会談は実り多いものとなった。

池田の時代は、経済の成長を背景に、社会的に極めて安定した時期だった。ところが、不思議なことに、その在任中に社会を震撼させる大きなテロが三つ起きている。

ひとつは、池田内閣が発足して間もない一九六〇年十月の山口二矢《おとや》による社会党委員長浅沼稲次郎《あさぬまいねじろう》刺殺事件。

もうひとつは、一九六一年二月、深沢七郎の小説『風流夢譚《ふうりゆうむたん》』とそれを掲載した「中央公論」に憤激した小森一孝による中央公論社社長・嶋中邸襲撃事件。

さらに、一九六四年三月、アメリカ大使館前で起こったエドウィン・O・ライシャワー大使に対する刺傷事件。

どれも、ひとつ間違えば大きな政治的混乱を招く可能性のある事件だった。衝撃的だったのは、この三つのテロの犯人がすべて十代の少年だったことである。だが、池田はこれらの事件に対して適切な処置を施すことで危機を回避する。

さらに不思議なことに、池田の在任中には、テロだけでなく、戦後最大級の巨大事故が三つ起きている。

まず、一九六二年五月、常磐線三河島駅で貨物列車と上下の電車の二重衝突が起き、死者は百六十人にものぼった。一九五一年の桜木町国電事故の死者百六人をはるかに上まわる大きな鉄道事故だった。

そして、一九六三年十一月、福岡県三井三池炭鉱でガス爆発が起き、四百五十八人が死んだ。これは戦後最大の炭鉱事故というだけでなく、地震や風水害といった天災を除けば、戦後最大の事故となった。

ところが、それとまったく同じ日、東海道線の鶴見と新子安《しんこやす》の間で貨物列車が脱線転覆し、それに上り電車が衝突して脱線した。不運なことにその車両が下り電車にぶつかり、百六十一人が死亡するという大惨事が起きてしまった。それは死者の数において三河島事故を上まわる巨大事故だった。

とりわけ第二と第三の事故はまったく同じ日に起きたため、日本の社会に動揺が走った。だが、それは二週間後に海の向こうで起きた大事件によってしだいに沈静化していった。アメリカのダラスで大統領のケネディが暗殺されたのだ。

池田の在任中、というより、池田政権の最後の年となった一九六四年、日本が経済的な復興を遂げ、国際社会の重要な一員としてデビューするための、いわば「お披露目」ともいうべきイヴェントが三つ用意された。

第一は四月のＯＥＣＤ〈経済協力開発機構〉への加盟であり、第二はＩＭＦ〈国際通貨基金〉の八条国への移行と九月の日本での総会の開催であり、第三は十月の東京オリンピックの開催である。

とりわけ、ＩＭＦ総会を東京で開くということは、そしてそこで開会の演説をするということは、永く敗戦国の大蔵大臣として屈辱的な思いをしてきた池田にとって、何にも替えがたい「晴れ舞台」だった。

九月七日、ホテルオークラで開かれたＩＭＦ総会の開会式で、池田は歓迎の挨拶《あいさつ》をした。その原稿を書くことを命じられていた秘書の伊藤昌哉によれば、内容はおよそ次のようなものだったという。

「ＩＭＦの皆さん。日本の爆発的エネルギーを見てください。君たちから借りた資金は、われわれ国民の頭脳と勤勉によってりっぱに生きてはたらいています。明治維新以来、先人のきずきあげた教育の成果が、驚異的な日本経済発展の秘密なのです。

アジア諸国の人びとよ。君たちがいま、独立にともなってうけつつある苦難は、敗戦以来二十年、われわれがなめつくした苦難でした。そこから一日もはやく脱けだしてください。その手がかりを見いだすことこそ、ＩＭＦ東京総会の意義なのです」

こうして、日本の、いわゆる「経済大国」への道はならされていくことになったのだ。

第十二章

やがて幕が下り

1

池田が天下を取った後も、宏池会事務局長としての田村敏雄の生活にはなんら変化がなかった。表舞台に姿を現わすことなく、裏方の仕事に専念しつづけた。各種の勉強会を主宰し、雑誌「進路」を出しつづけ、宏池会の政治資金を管理した。

「所得倍増」の構想が宏池会の手を離れ、池田新政権の政策として現実化していく中で、田村の新しい夢となったのは「新農政」であった。「所得倍増」が下村治の経済観をその基礎としていたように、「新農政」も池本喜三夫という独自の農業理論を持った人物が実践しようとしていた一種の農業革命だった。

田村は、池本が一九五九年（昭和三十四年）十一月に自民党の政調会の農林漁業基本調査会で「日本における農業経営についての一構想」というテーマで話した内容を知り、翌年の三月に宏池会の農業政策部会であらためて話してもらうことにした。

そこでの池本の話は多岐にわたった。

日本の農地を低地農業地帯と高地農業地帯に分け、低地農業地帯を米や野菜や果実を中心とした食糧供給源とし、高地農業地帯を工業原料、すなわち繊維原料や皮革原料や酪農原料の供給源とする。一戸当たりの耕地面積をこれまでの三倍から五倍に広げ、耕土の深さを二、三倍の深さにし、化学肥料ではなく自給厩肥《きゆうひ》の利用を五倍以上まで引き上げる。これらの条件を与えることで、農産物価格を五、六割ていどにまで引き下げても、農民ひとり当たりの所得を五倍から七倍にすることが可能である。そうなるとすれば三分の二の農家は離農することになる。だが、それは、「農村工家」と呼ぶ農業と工業の混淆《こんこう》した新しい産業形態によって救済可能である……。

池本のその話を聞いた田村には深い感動があった。そこには、なにより、土地が狭く人口が過剰であるために自力で国土を拡張しなくてはならないという、明治以来の日本の強迫的な宿命観を根本から覆《くつがえ》す考え方が秘められていたからである。

——敗戦までの日本の国是ともいうべき「富国強兵主義」と「対外拡張主義」は避けがたい宿命ではなかった！

その驚きは大きかった。田村が池本の話をどのように感激的に受け止めたかは、それから一年後の一九六一年一月号の「進路」に書いている次の文章の中に明らかである。

《日本の可能性の発見について、新しい分野は、日本農業の基礎条件の正しい認識である。「耕して天に至る」耕地の狭さ。耕地面積当たり人口の密度の高さ。五反百姓、過小農、零細貧農は日本農業の宿命であり、日本の過剰人口のしわよせであるということは、今日多くの人の常識である。池田首相の経済成長政策の未来像——十年後の産業構造、就業構造の青写真が農業人口の六割減であるという発言を「貧農締め出し」だとして反撃され、それが少なからぬ共鳴を得たのは、日本農業の基本条件である土地に対する通念から、むしろ当然のことと思われる。ところが日本の農地は、自然条件は、決して通念の如く貧弱な、どうにもならぬものではないのである。かつての強兵主義にも似た、無理矢理な拡張政策、農地造成主義によらなくとも、いまの耕地そのものを、まず平野地帯の水田を、一反歩区画――十間に三十間――から、二十間に百五十間の一町歩区画にすることを原則として再整理し、三十馬力以上のトラクターで深耕し、少なくとも水田の三分の一、やがては二分の一に牧草を栽培して、乳牛を主とする畜産農業に転進するなら、日光と温度と水にめぐまれることヨーロッパ諸国に数十パーセントを超えるわが国は、今のままの耕作面積で、今の二倍以上の総収入をあげることはさまで困難ではないのである。耕地面積だけを問題にするのは間違いで耕土量が本質であり、肥沃《ひよく》な土壌の問題である。肥沃な土壌は日光と温度と水の助けを借りてわれわれがつくってゆくのである。大区画深耕、畜産、堆厩肥《たいきゆうひ》、食生活の改善向上、経営規模の適正化、農工業の関連性強化によって、今や日本農業の産業革命が起ころうとしているのである。日本の農地は狭い。しかし、狭いことが百悪のもとではなくて耕作が浅いことが真の病弊なのである。外へ領土を広めようとして失敗し、敗戦によって正しい生き方を学んだわれわれは、農地造成開拓に巨額の労力と資本を投ずることをやめて、既耕地の区画再整備――大機械の経済的使用可能の条件を整備することにつとめるべきである。ここにも新しい日本の発見がある。ケネディ大統領はニューフロンティアを叫んだが、われらの新大地は農業にある。すばらしい新天地が足下から開ける可能性のあることに眼を向けるべきである》

ここには、下村の経済理論と遭遇したときと同じような昂揚がある。田村は、池本の考えのうちで、農地を高度化すれば土地の狭さは克服できるというところにもっとも強く反応したのだ。

やがて田村は、池田内閣の次の目標を「新農政」による農業革命と見定めるようになる。彼はこの新しい夢に熱中しはじめた。池本を池田内閣の「農政顧問」という立場につかせ、宏池会と同じ日本短波放送会館内に研究所を設け、「新農政」という雑誌を発行してやったりした。やがて、その熱中は池本理論によるモデル農場の建設というところまで進んでいく。

その池本の「新農政」は下村の成長論にとっても重要な意味を持つことになった。池本の立論には、農業における「経営革命」というまったく新しい概念が含まれていただけでなく、商工業中心の高度成長論議に不足しがちな農業の視点を導入するものでもあったからだ。経済成長は労働力の移動によって農業人口を激減させる可能性があるが、それは逆にいえば一戸当たりの耕地面積の拡大につながり、さらにその農地を近代化して経営効率を高めれば農家の収入は飛躍的に向上するはずである。

下村によれば、「池本さんの理論によって、高度成長が農業の問題も解決させてくれることに確信が持てるようになりました」ということになる。

この「新農政」への熱中を除けば、田村の私生活は相変わらず地味なものだった。唯一の趣味は暇なときの古本屋巡りだった。日本に帰ってから再婚した妻に「古本屋に行くと、黙っていても茶を出してくれる」と嬉《うれ》しそうに話したことがある。昼間は溜池《ためいけ》の日本短波放送会館にある宏池会の事務所に赴き、夜、家に帰ると食事のとき以外は静かに本を読んでいた。活字中毒者のような書物への接し方をしていた夫の姿が、妻には何よりも強く心に残っている。政治の中枢にいて人と金を扱っているなどという生臭い仕事とはまるで無縁の、学究のような生活をしていた。友人のひとりが、田村を評して「大蔵省に行ったのが間違いで、どこかのプロフェッサーになるべき人だった」といっているが、田村自身も心のどこかでそれを望んでいたのかもしれない。

事実、日本に帰ってから、収入の足しにと始めた大学の講師の仕事は、経済的に不安がなくなったあともやめず、死の直前まで続けた。拓殖大学と大妻女子大学で「経済学」や「貿易論」などを講じた。

2

池田と田村との関係は、表面的には何ひとつ変化がなかった。しかし、一国の最高権力を握った男とその陰の男との間に、いままでと寸分かわらぬ関係が持続するはずもなかった。池田と田村の間に微妙な亀裂《きれつ》が走りはじめる。

田村の内部には合理的なるものと非合理的なるものが混在していた。下村の極めて理論的な日本経済論に六十歳を超してもなお若々しく反応したかと思うと、「仙人」に占ってもらった閣僚名簿を内閣改造の「参考資料」として二代目の官房長官の黒金泰美に送ったりした。各種の「健康法」にも凝《こ》っていて、西勝造が考案した西式療法をはじめ、「水銀と酸素を原料とする注射」とか、水を一晩ねかせるための素焼きの壺だとかを、自ら試しては体の調子の悪い人を見つけて勧めていた。宏池会に出入りする者は、「田村さんの趣味は健康法だ」と冷やかしたりしていたという。田村の「健康法」は薬や呼吸法ばかりでなく食物にも及んでいたらしく、決まったもの以外は食べなかった。だが、毎朝、池田邸を訪れ「田村メモ」を渡す時間帯は、どうしても朝食時になる。茶の間の膳にのっているオカズを見ては、

「君はおいしそうな物を食べてるなあ」

と田村は羨《うらや》まし気に呟《つぶや》いたものだという。

時には、池田が、

「じゃあ、君も食えよ」

と勧めることがある。

するとと田村は、

「ごちそうになるか」

といって嬉しそうにつまみ食いをする。

「それくらいなら、健康法なんてやめちまえばいいのに」

と、田村は池田によく冷やかされていた。

この二人の、「同期の仲間」以外のなにものでもない愉しそうな瞬間をしばしば目撃している池田の妻の満枝は、晩年の二人が次第に冷たい関係になっていったということを、ほとんど信じることができない。

「田村先生がソ連のスパイだなんていう噂《うわさ》が耳に入ってきたときも、あいつに限ってそんなことをする奴じゃない、絶対に俺を裏切るようなことはしない、と池田は歯牙《しが》にもかけなかったくらいですからね」

だが、総理大臣になった池田には、「同期の仲間」として歯に衣《きぬ》を着せずに直言し批判する田村の存在が、いくらか煙たいものとなってきたことは事実である。現実政治には妥協も必要である。しかし、田村はあまりに理想主義的にすぎた。

宮沢によれば、総理大臣になってからの池田は口が重くなり、判断が少し慎重になったという。

「総理大臣になるまでも妥協をしなくてはならなかったが、やれやれようやくなれた、というところからは妥協の連続でね。理想に立ち返り、みんなを説得して何かができるという余地はとても狭くなってしまう。それはよくないからやめようということにはすぐなるんだが、これは絶対いいことだからぜひやろうということがとても難しくなってしまう」

池田は総理になって、ゴルフと待合《まちあい》遊びを止めた。スタンド・プレイだと批判するむきもあったが、大多数の国民からは政治姿勢を正すものとして支持された。これは、大平正芳が「総理在任中は、まず第一にゴルフを慎まれること、第二にお茶屋に出入りすることを自粛されること」といい、池田がそれを受け入れたという具合に流布《るふ》されているが、実は田村の強硬な申し入れによるものだった。

「池田さんの周辺の人は、のちに、田村さんからいろいろな手柄を奪ってしまったようですね。このゴルフの件も、本当はウイークデーのゴルフだけでも中止にするよう田村さんがいったところ、日曜祭日も止めだと池田さんがさらに徹底して決めたのが本当でしょうね」

がいう。

と、池田番の新聞記者の中でももっとも池田に接近していたひとりである土師二三生

ゴルフと宴会の中止は受け入れたが、やがて田村の忠告が耳に不快なものとして入ってくるようになる。前尾繁三郎も、田村は池田に対して「決して譲らなかった」と証言する。田村には、田村の理想とする「宰相像」、あの「真の政治家」像があった。

日本経済新聞の記者から池田の秘書となり、さらに衆議院議員となった田中六助によれば、田村は真理とか正義とか道徳という言葉を口にすることがよくあったが、人によってはそれを青臭い空疎な論と思わなくもなかっただろうという。一年生の政治家に向かって、釈迦《しやか》とか孔子とかソクラテスの言葉を援用して、まず人格を陶冶《とうや》すべきだと本気で説いていたともいう。その青臭さは当然のことながら池田にも向けられたことだろう。

池本喜三夫が、宏池会の事務所で、池田の演説を録音テープで聞きながら、

「まだこんなことを喋《しやべ》ってやがる！」

と苛立たしそうに呟いている田村を、何度か見かけている。

おそらく、田村には現実政治の力学によって彼の構想する「真の政治家」の政治が曲げられ、理想が汚されることが耐えられなかったのだろう。

池田の周辺には、池田と対等以上の態度を取りつづける田村の存在を不快に思う人物

が少なくなかった。二人の間の亀裂は、そのような彼らの手によっても、さらに深くされていく。

晩年、田村はまったく呑《の》まなかった酒を呑むようになった。そしてさらに、スキーに異常なくらいのめり込んでいった。山路富士男は、田村のこの変化を見て、もしかしたら宏池会で面白くないことが起きているのではないかと懸念した。

やがて、金に関する中傷も出た。宏池会の政治資金を私している、というのだ。彼の死後、遺族に残されたのが古書だけだったところから見ても、それはまったく根拠のないデマだった。

満州時代の学生だった孫亦濤《そんえきとう》は、新年と田村の誕生日には家を訪ね、田村にとって懐かしい満州風の料理を作って食べさせることにしていたという。しかし、その田村家の台所を使わせてもらうたびに驚いたのは冷蔵庫だった。もうすでに多くの家に電気冷蔵庫が入りつつあったのに、田村の家では依然として氷を入れて冷やす木製の冷蔵庫が使われつづけていたからだ。

「田村家は」と孫はいう。「高度成長とは無縁でした」

3

一九六三年（昭和三十八年）の春、田村は終生こだわりつづけた社会主義への「訣別《けつべつ》宣言」とでもいうべきものを書いている。

《自然科学は実験で仮説を証明して科学を体系づけるが、社会科学は実験ができないというのが、学問論のイロハであり、社会科学者のなやみ、なげきであるが、レーニン、スターリン、そうしてフルシチョフはこの従来不可能とされていた社会的大実験を何百万人、何千万人の犠牲をいとわずに五十年にわたってやってくれたのである。現代人はこの意味でソ連に感謝すべきであるといったらいいすぎだろうか。現実社会には常に矛盾がある、「不合理」「不公平」「不平等」がある。それはひとえに資本主義のせいであるとして、これと全く異った原理の社会主義国家をつくって半世紀、その驚くべき努力の結果、社会主義はだめだということを立証した。もはや人類は理論上も実際上も社会主義の夢にうなされたり、ひきつけられたりする必要がなくなった。この意味でソ連人に感謝してはどうだろう。社会主義は変った。いな社会主義は死んだ。今はその検死を精密にし、葬式を出すべきときである。葬送曲と弔辞を用意すべきときである》

そしてその夏、田村は急激に腎臓《じんぞう》を悪化させ、広尾の日本赤十字病院に入院することになる。

だが、多くの人にとって、あれほど「健康」に注意していた人だからという安心感があった。いずれ、すぐに退院してくるだろう、と。

しかし、やがて自力でトイレに行くこともできなくなってきた。それでも誰もいないときにトイレに立ち、途中で歩けなくなるというようなことも起きた。

入院しても書物を離さず、「よい機会だから」と歴史書を集中的に読もうとした。ベッド用の書見台を買い、そこで三宅雪嶺《みやけせつれい》の『同時代史』を読んでいた。

見舞いに行った孫亦濤が、

「体に障《さわ》るからおやめください」

といさめると、

「読みたい本が読めないのはつまらない」

と答えた。

また「新農政」の池本が見舞いに行くと、モデル農場の建設について言及し、一日も早く作ってもらいたいといったあとで、こんなことを呟いたという。

「退院したら、一週間の半分くらいは農場に行っていたいな」

しかし、これは虚《むな》しい願いとなった。加療の甲斐《かい》なく、入院して二週間後にあっけなく息を引き取ってしまったからだ。

「七十になったら、自分のための本を出すんだ」

田村は一度だけ妻にそう語ったことがある。しかし、彼は七十歳まで生きることができなかった。

八月九日、葬儀は青山斎場で盛大に営まれ、「内閣総理大臣」の池田勇人や「葬儀委員長」の周東《すとう》英雄らが次々と弔詞を読んだ。とりわけ、池田の弔詞は、単なる儀礼的なものを超え、聞く者の胸に迫る熱い真情が籠《こ》もっていた。

「田村君、花にうずまった君の写真を前にして、弔詞を読もうとは夢にも思わなかった」

そう池田は田村の遺影に語りかけた。

「君に入院をすすめたのは一カ月ほど前だった。精密検査の結果腎臓が弱っているくらいのことで、九月の声を聞けばもとの健康な姿になると安心していた。八日前病院に君を訪ね思ったより元気な君に『仕事のことは何も心配せずゆっくり休めよ』というと君は『有難う。大丈夫だ』とニッコリ笑ったがこれが最後の別れとなってしまった。君とは大蔵省の採用が同期で山際君や植木君など多士済々な大正十四年組だった。君が任地の関係で満州に去った時期を除けば殊に戦後ソ連抑留から帰国してこの十数年間殆《ほとん》ど行を共にしたといっても過言ではない。君は私のために蔭になり日向《ひなた》となってあらゆる仕事を処理してくれた。選挙区のことは勿論、学界、財界、官界、政界、と多岐に至る君の働きはどれほど私の助けとなったことだろう。『釈迦に説法だが』と前置して君はよく直言してくれた。金銭に清く、名利に恬淡《てんたん》で殆ど無欲といってよい君の言葉は常に正しかったと思う。君はその凡《すべ》てを私に与えながら私からは何物をも望まない数少ない親友の一人であった。君の友情を限りなく尊いものに思う。

私は今、両腕をとられた様な思いだし、一抹の淋《さび》しさは拭《ぬぐ》えども去らない……」

しかし、この弔詞が「進路」の「田村敏雄追悼号」に収録されるや、「両腕」がいつの間にか「片腕」に変えられていた。池田周辺のある人物が「両腕というのはいいすぎだ」と異議を唱えたのだという。池田が「田村が死んで本当に困った」と何度も人前で呟いていたというのにもかかわらず、である。

前尾繁三郎は田村への追悼文の末尾に、

《尊敬されながらも、世間的には幸福にも恵まれなかったし、世にも容《い》れられなかった》

と書き、池田を総理に「した」ことがせめてもの慰めであったかもしれない、とも記した。

宏池会で田村の下で働いていた渡辺春平は、政治に関してかなり重要な位置にいたがついに政界の風になじめなかった人である、と田村を規定している。その渡辺が、「田村敏雄追悼号」の中で次のように述べている。

《田村先生は健康とともに、死をも念ずる人であった。政界が紛糾し、醜態をさらしているときなど、あのひとたちはいつか死ぬということを忘れているんだ、とポツリともらした。また禅の高僧の大往生《だいおうじょう》の姿をも語った。

死期をさとると身をきよめて旅装を整え、一山の僧に別れを告げ見送られて山門を出る。一歩出たところでバッタリと倒れるという。

そのゆえにか、先生のデッス・フェイスはじつに立派であった》

田村は遺族に財産といえるものをまったく残さなかった。それを見かねた満州時代の知人のひとりが、宏池会に慰労金のようなものを出してやってくれないだろうかと頼んだ。ところが、宏池会から返ってきた答えといえば、あれだけの葬式を出してやったのだから相当の香典が入っただろう、それで充分ではないか、というものだった。

4

池田の喉《のど》にガンが発見されたのは、田村が死んでちょうど一年目の一九六四年(昭和三十九年)八月末のことだった。

前年の暮ごろから、喉の異常を訴えてはいた。演説をしていてもすぐに声が嗄《か》れるようになり、痛みも伴うようになってきた。しかし、「ガラガラ声」は池田のトレードマークであった。当人も、また周囲も大して気にしないまま半年が過ぎた。定期検診を受け持っていた主治医の元日本大学医学部長比企《ひき》能達《よしたつ》は「慢性咽喉《いんこう》カタル」と診断していた。

　ところが、夏に喉を使い過ぎた結果、充血がひどくなってきた。そこであらためて診《み》てもらうことになった。比企と慈恵医科大学教授の佐藤重一の二人が検診し、かなり進行した咽喉ガンと診断した。

すぐにも入院して治療を開始しなくてはならなかったが、あいにく九月にはＩＭＦの総会が控えていた。そのため、入院は総会での挨拶が終ってからということになった。ガンとの闘いにおいては、この一カ月のタイムラグが大きかったのかもしれない。しかし、池田が、その機会を日本にとっての、そして自分にとっての「晴れ舞台」と感じていた以上、予定を変えての入院という選択肢はありえなかった。

　九月七日、ＩＭＦ総会で演説することになるが、結局それが池田勇人の総理大臣としての公式の場での最後のスピーチとなった。

　その二日後、池田は比企が総長となった築地の「がんセンター」に入院した。

　池田のガン発見から総理大臣辞任までの経緯は、前尾繁三郎の『私の履歴書』に記されている記述がもっとも事実に近いものと思われる。

それによれば、前尾は九月の初旬に大平から池田の病状の報告を受け、東京大学病院での精密検査の結果、真性のガンだということを知る。できれば東京大学病院に入院させたかったが、優秀な放射線の設備は「がんセンター」にしかない。そこから、前尾たちの苦しい対メディア戦略が始まるのだ。「がんセンター」に入院するのだから、当然ガンが疑われてしまう。しかし、それを肯定してしまうと、当の池田の眼や耳にも入ってしまうだろう。それは避けたい。そこで、総長の比企と相談し、国民には後日自分が謝罪するからといって「嘘」をついてもらうことにする。つまり、「前ガン状態」と発表してもらうことにしたのだ。

放射線治療の経過は悪くなかったが、総理大臣の病気が国政に影響してはならないと考えた前尾が、《所用で出かけた山中温泉の湯にひたりながら、オリンピックの終了した翌日の日曜日に総理を辞任させようと決心》する。

比企を使者に立てて説得し、池田もほんの少し逡巡《しゅんじゅん》したものの了承する。

池田の退陣は、池田が敬愛する政治家のひとりだった石橋湛山《たんざん》の退陣にも似て潔いものだった。それは、池田とその周辺に共通の美意識があったからだと思われる。

大平正芳が池田の死後に書いた「回想の池田内閣」という文章の中に、池田が自民党の総裁選に勝った日の夕刻、すでに次のような会話が交わされていたことが記されている。

「とうとうあなたも総裁になられましたね」

大平がいうと、池田が答える。

「うん……」

そこで、大平が訊ねる。

「あなたは東京に出てこられた当時、いつの日にか今日の地位につけるものと思っていましたか」

池田の答えが「否」だったことを受けて、大平は次のようにいったという。

「本来、期待していなかった地位につかれたとすれば、現在あたえられた地位におられることが、いかに短くとも、文句のいいようもないわけですね。極端にいえば、朝《あした》に組閣して、夕べに斃《たお》れてもやむをえないのではないでしょうか。また、政権維持をいつまで許されるかは、国民が決めることであって、あなたが決めることではないと思います。ついてはこのさい、一つお約束願いたいことがあります。それは、あなたならびにあなたの周辺の者の間で、長期政権という言葉を絶対の禁句にしていただきたいのです」

すると、池田はうなずいて応《こた》えた。

「そのとおりだ」

と。

この日、妻の満枝も同じようなことをいっている。

「終りが大事ですよ」

十月十日は東京オリンピックの開会式が国立競技場で行なわれた。池田は、この総理大臣としての最後の晴れ舞台に、病院側の配慮で出席することができた。

オリンピックの閉会式の翌日の十月二十五日、池田は病院に副総裁の川島正次郎、幹事長の三木武夫、国務大臣の河野一郎、池田内閣で三代目の官房長官となった鈴木善幸《ぜんこう》の四人を呼んで正式に辞意を表明した。

だが、こうした潔さを持っていた池田にも、任期なかばで辞めなくてはならないということについては複雑な思いがあったろうことは想像に難《かた》くない。

辞意を表明した翌日、病室に入った伊藤昌哉に、池田が語りかける。

「今朝は早く起きて七時ころまでに新聞を全部読んだ。涙が出てきてねえ」

その言葉を聞いて、伊藤はこう感じる。

《わたしは暗然となった。病気に負けたくないというくやし涙か、それとも公約を自分の手で実現できないことで国民にすまないと思ったのか、四年三カ月の総理在職中、みんなからよくやったといわれたことに対する感謝の涙だったかもしれない。また、激務を離れてやっと人間らしい生活に帰れると思ったうれし涙なのか……》

これは、池田の死後、伊藤の談話をまとめた「秘書官の見た人間・池田勇人」という記事の中にある挿話だ。この記事には、のちに時間をかけてまとめられた『池田勇人その生と死』にはない生々しさがある。

後継総裁には、池田の「裁断」によって佐藤栄作が推挙されることになった。池田自身は、三選を支持してくれた恩義もあり、最後まで河野一郎を意中の候補からはずすことはなかったが、結局は党の大勢に従うことにしたのだ。

これで池田の千五百日に完全に幕が下ろされることになった。

池田退陣の直後、「中央公論」誌上で「池田政治の四年間と後継内閣の課題」という鼎談《ていだん》が行なわれた。出席したのは、東京大学教授の林健太郎、八幡製鉄副社長の藤井丙《へい》午《ご》、それに宮沢喜一だった。

その席上で、宮沢はこう語った。

「池田という人は時代を引っ張ってきたというよりも、時代のなかで育ってきた政治家ではないかという感じが深いんです」

まさに、池田もまた「成長」する政治家であったのだ。

5

十二月五日、池田は放射線治療を終え、「がんセンター」を退院することになった。

誕生日の三日ではなく、五日を選んだのは、それが入院してから八十八日目だったからである。

その日、下村治は築地の「がんセンター」に向かった。池田が退院することを受けての喜びをなんらかのかたちで伝えたかったのだ。しかし、羽織袴《はおりはかま》姿で玄関先に現われた池田を一目見て、それが快癒してのものではないということがわかった。ひとことも言葉を交わさないまま、黒塗りの車で去っていく池田を見送った、という。それは、下村に、「ひとつの時代が終った」ことを確認させる瞬間でもあったろう。

退院した池田は、しかし順調に回復していくかに見えた。

一九六五年三月には病院側から全快が宣言される。

伊藤昌哉はそんな池田に語りかける。

「あなたは、これから、前総理の学というのを学んでください」

だが、それを学ぶ時間は与えられなかった。五月頃からふたたび喉が悪化し、ガン再発の懸念が高まり、七月には再発が確認され、東京大学病院に入院することになってしまったからだ。もう放射線治療はできない。そこで、八月四日に手術が施された。いったんは、七時間に及ぶ大手術は成功したと発表されたが、やがて術後の肺炎を起こし、八月十三日の昼に息を引き取った。六十五歳だった。

池田が死んだその翌日の日本経済新聞には、ケネディと握手をしている写真などを含む池田の「思い出のアルバム」とともに、下村治の「〝成長の灯〟を受け継げ」と題した追悼文が掲載された。

これもまた、かつて田村敏雄の死に際して雑誌「進路」に載せた追悼文と同じく、抑えながらもどうしようもなくあふれ出てしまう熱い思いが伝わってくる文章になっている。

《池田勇人氏が果たした歴史的な役割は日本人が内に秘めていた創造力、建設力を「成長政策」という手段によって引き出し、これを開花させたことである》

そう書き出した下村は、総理大臣としての池田に向けられた批判をひとつずつ打ち砕いていく。

池田は経済には強いが政治を知らないといわれることがあった。しかし、池田があえて経済の分野に自分の政治活動のフロンティアを見いだしたのは、日本人のエネルギーを開花させるために必要な条件を「貧しさ」からの脱却と見定めていたからだ。その意味では、もっとも政治を知っていたとさえいえる。そしてさらに、池田が音頭を取らなくても日本経済は高度成長を遂げたと決めつけられることがある。しかし、それは根本的な誤りである。政策がうまくいっているとき、あたかも政策そのものが存在していないかのように見えることがあるが、なくなってみるとその重要性がわかるというのが世の常だ。池田時代は日本経済が開放体制に移行する時期でもあった。もしこの時代の日本経済が池田の成長政策によってダイナミックな構造変化を遂げていなかったとしたら、開放体制への移行は国民に多くの苦難を強いることになったろう。また、池田の成長政策は「ひずみ」をもたらしたといわれる。しかし、「ひずみ」とは何なのか。「ひずみ」はそれが飛び越えることのできない障壁と考えるとき、初めて「ひずみ」となる。もし、政策担当者に勇気があるなら、それは「ひずみ」ではなく、構造変化のための新しい「目標」となるはずではないか。人は「池田の時代、経済の時代は終った、これからは政治の時代だ」といったりする。だが、それは間違いだ。この揺れ動く国際社会の中で、日本人が権威ある発言をしていくためには、その土台となる経済的基盤を固めなくてはならない。それは池田時代の日本にどうして世界の視線が注がれるようになったか考えてみれば明らかではないか……。

そして、下村は一転して次のような感懐を述べることで追悼の文を結ぶのだ。

《池田氏は何事も納得しなければ行動しない一面を持っていたと同時に、人の意見を聞くのが好きな人だった。こうした性格が世論の動向を重んじる大衆政治家としての特色を生むとともに、周囲に数々のブレーンを集めていった。私と故人との関係は個人的な色合いのものではなく、池田氏の成長理念が私の理論と実証を採用したことによるもので、いわば〃政策を通じての触れ合い〃だった。しかしそうした触れ合いを通じて感じ

た人間としての暖かさはいまも私の胸に残っている。惜しんでも惜しみきれない人をなくした》

池田の葬儀は、一九六五年八月十七日、日本武道館で自民党葬として営まれた。

終章

世界の静かな中心

1

池田の死から十二年が過ぎた。政権担当者としての自民党総裁も、佐藤栄作から田中角栄に、さらに三木武夫から福田赳夫《たけお》へと変わった。

それとともに、〈蜜月《みつげつ》〉の時代も終った。

少なくとも、「政・財・官」複合体とでもいうべきものによって主導されてきた、戦後日本の資本主義にとっての〈蜜月〉の時代は確実に終焉《しゅうえん》しつつある。一九七六年（昭和五十一年）の暮に行なわれた総選挙が、それまで地下の部分で進行しつつあった状況の危機的な変化を、一挙に顕在化させてしまった。

一九七四年、当時の大蔵大臣だった福田赳夫は、「ニューズウィーク」誌の東京支局長バーナード・クリッシャーから「もし自民党が議席の過半数を割るようなことがあると日本はどうなりますか」という質問を受け、次のように答えたことがある。

「そんなことは起こり得ません。神かけて誓いますよ」

福田にとっての神がどのようなものであるのかは不明だが、その二年後の総選挙において自民党公認の当選者が過半数を割り、衆議院における自らの首班指名投票で過半数を上まわることわずかに一票というところまで追い詰められる〈危機〉を、彼がまったく予見できなかったということだけは確かである。

もちろん、自民党の凋落《ちょうらく》が即ち〈蜜月〉の終焉だというつもりはない。だが〈危機〉は財界にも官界にも等しく訪れていた。その自覚の中から「財界総理」の称号を奉《たてまつ》られている土光《どこう》敏夫の「たしかに自由主義経済は地盤沈下してきた」という不安げな発言も生まれてきた。

「いずれ共産主義経済と自由主義経済が接近し合うようなことになるのかもしれない。将来は、自由主義経済を守ってくれるなら自民党以外の政党でもよいと考えている」

見事に揃《そろ》っていた「政・財・官」司令部の足並が微妙に乱れてきた。財界ばかりでなく官界にも、自民党に対して一定の距離を置こうという意識が芽生えてきた。その具体的な現われが元経済官僚たちの非自民政党からの参院選出馬表明である。

そしてまた、以前には考えられないほど増えた若手官僚のジャーナリズムでの発言は、〈危機〉を前にした彼らの無力感と、にもかかわらず強烈に残っている自負とがないまぜになった、奇妙な響きのものになっている。彼らには「キャッチ・アップ」という唯一神を失った無重力状態からくる激しい苛立《いらだ》ちがある。しかし、それは若手官僚だけが有する苛立ちではない。西欧近代、とりわけ西欧の経済水準に「追いつく」ことがすべてである時代が終ったとき、戦後日本の資本主義にとっての〈蜜月〉も終焉していたのだ。

政界、財界、官界、もう少し厳密にいえば保守政治家と産業人と高級官僚にとっての〈蜜月〉の時代は、明らかに一九六〇年代だった。「追いつく」という大目標のために、完璧《かんぺき》といえるほどの一体性を保つことができた。一九五〇年代の政治経済が「復興」というテーマで貫かれていたとすれば、一九六〇年代のテーマは「成長」だったといえる。それが国の外に対しては「キャッチ・アップ」の思想となり、国の内に向かっては「所得倍増」という錦旗《きんき》のようなスローガンとなった。

「六〇年安保」をめぐる社会的な混乱は、合同後の保守が直面しなければならなかった最初で最大の〈危機〉だった。この〈危機〉の時代に総理大臣となった池田勇人《はやと》は、国民に「所得倍増」という言葉が指し示す方向を明らかにすることで、〈危機〉を逆に〈蜜月〉の時代に転ずる離れ業《わざ》を演じたのだった。「所得倍増」という言葉自体は六〇年代のなかばを待たずして風化するが、それ以後も時代は依然として「所得倍増」の射程の中にあった。池田以後のどの保守政治家も「所得倍増」を超える現実的で力強い政治経済上の言葉を発見することができなかったのだ。「安定成長」の佐藤栄作も、またその片腕だった福田赳夫も、結局は「所得倍増」の射程から逃れられなかった。

佐藤内閣時代には、「高度成長」派に対する「安定成長」派が勢いを増し、経済成長率は八パーセント内外に抑えるべきであるという、ほとんど根拠のない抑制論がその経済政策に強い影響力を持った。しかし、その結果が池田時代をはるかに上まわる十二パーセントから十三パーセントという超高度成長であり、調整期にあったはずのさまざまな矛盾をさらに大きくするばかりだった。その意味で、佐藤内閣の政治経済思想は、池田が一九六〇年代前半に遺《のこ》したものの無定見な「増補版」にすぎない。彼らは、一九七〇年代の政治を主導する新しい活力の溢《あふ》れる言葉を、ひとつとして産み落とせなかった。仮に佐藤栄作が無定見な「増補版」だったとすれば、田中角栄の「日本列島改造」は「所得倍増」の壮大な「増補決定版」であったといえるかもしれない。だが、田中角栄は遅すぎた六〇年代の人であった。もしかしたら、池田の政治的嫡子《ちゃくし》は大平正芳でなく田中角栄だったのではないだろうか。池田のしのこした仕事をするべきだったのは、佐藤でなく田中だったのかもしれない。しかし、彼が登場してきたとき、激変する状況は六〇年代の思想をほとんど無効のものとしていたのだ。その意味で、田中角栄は遅すぎた、だから悲劇的な「決定版」だったといえる。

だが、田中以後も依然として七〇年代における「保守の思想」が新たに見いだされてはいない。いわゆる「椎名《しいな》裁定」によって思いがけず総裁の座についた三木武夫は無論のこと、露骨な「三木おろし」によって宿願の政権を獲得した福田赳夫に至るまで、自民党の総裁は七〇年代のシンボリックな言葉を発見しえていないのだ。「保守再生」も「協調と連帯」もまったく無力であり、国民の多数を惹《ひ》きつけることのできるシンボルにはなりえていない。

佐藤栄作以降の権力者たちが、政治的シンボルとしての言葉を考えるとき、常に意識しなくてはならない存在は池田勇人であった。そして、それは池田時代から一貫して反池田の旗を振りつづけてきた福田赳夫においても、おそらく例外ではありえない。

その象徴的な出来事が、伊藤昌哉《まさや》の「内閣調査員」就任である。伊藤は西日本新聞記者から池田の秘書となり、池田自らが「陰の官房長官」とまで呼んだ人物である。しかも東京急行の重役として迎え入れられ、すでに政治の世界から離れている人物を、首相となった福田はなぜ「内閣補佐官」といった意味を持つ重要なポストにつけたのだろう。

そのひとつの答えは、大平派とのいわゆる大福連合のパイプ役になったのが意外なことに伊藤だった、という事実の中に求められる。池田派と福田派は永く徹底した対立関係にあった。その池田派の後継派閥である大平派と福田派の連合など、政界の常識では絶対に不可能だと考えられていた。その不可能が可能になったのも、盲点に近い位置にいた伊藤の存在があったからだといわれる。

伊藤昌哉の「内閣調査員」就任が公表される数カ月前、私は当の伊藤と話す機会を持った。だがそのとき、「池田のこと以外は話さない」とインタヴューの直前に何度も強調する伊藤を奇異に感じたものだ。池田のこと以外に聞きたい話があるはずもなかったからだ。いま考えれば、この頃すでに伊藤は大福連合の工作にほぼ成功しており、それを外部に洩《も》らしたくなかったのだと理解できる。しかし、その警戒心にもかかわらず、その日の伊藤は田中角栄の「日本列島改造」を批判し、三木武夫の無能を嘆じて飽かなかった。表舞台から離れて十年余を過ぎてもなお政治への未練を捨て切れない者として、私は伊藤を無残に思ったが、それは浅薄な見方だった。すでにその時点で彼はふたたび政治権力の中枢に位置しはじめていたのだ。

そのインタヴューでは、池田政治への敵対者であった福田に対し、伊藤があまりにも好意的すぎるのを疑問に思ったが、よもや大福連合を画策していたとまでは思い至らなかった。

しかし、それにしても、伊藤はいまなお池田政治の讃美者であり、胸に池田時代への熱いノスタルジーを秘めている人物であることに変わりはない。その人物に、たとえいくらかの外交辞令が入り込んでいるにしても、福田が「私は大平君と会うがごとくに伊藤君と会うつもりだ」とまでいうには、永く徹底的に批判してきた池田政治への見方の微妙な変化が、前提として必要なように思われる。池田が政権を取った翌年に、すでにその経済政策を批判し、やがて、「所得倍増」による見せかけの繁栄は所詮《しょせん》「昭和元禄」の「徒花《あだばな》」にすぎない、とまで断じるようになる福田のこの変化は何を意味するのか。

『福田赳夫論』という書物の編著者でもある東京新聞政治部次長の佐藤雄一が、政権を手にする直前の福田にこう語りかけたことがある。

「保守にとって池田の政治こそ最高だったのではないだろうか。政策、ブレーン、政治姿勢、どれをとってもよかった。福田さんも池田から学ぶべきではないだろうか」

すると、福田はほんのわずかながら頷《うなず》いたという。この微《かす》かな肯定の中には、保守単独政権の崩壊という「六〇年安保」以来の大きな〈危機〉に直面した福田の、かつてその〈危機〉を乗り切った政治家としての池田に対する、ある種の畏《おそ》れのようなものが秘められていたのかもしれない。

2

だが、変わったのは福田赳夫だけではない。先に田村敏雄、次に池田勇人を失い、ひとり残されたかたちの下村治も変わった。

池田が総理大臣を辞任した一九六四年（昭和三十九年）から六五年にかけて、戦後最悪といわれる「昭和四十年不況」が訪れる。ここにおいても日本経済の限界論が登場してきた。

これに対しては、下村治が「安定成長論者は敗れたり――積極政策こそ信用不安解消の決め手――」を書いて、いわゆる安定成長論者が不況をもたらしたと強く批難し、日本にはまだたくましい経済成長力があるとした。

実際、日本経済は「昭和四十年不況」を脱すると、再び高度成長の軌道を走りはじめた。実に四年八カ月にも及ぶ「いざなぎ景気」が続くことになるのだ。安定成長論者だったはずの佐藤の時代は、実は野放図な高度成長の時代でもあった。

そして、「所得倍増計画」が策定された一九六〇年から十年後の一九七〇年を迎えたとき、日本は西ドイツを超える二千億ドル近い国民総生産を持つ巨大経済の国になっていたのだ。

ところが、それからの日本経済には大きな試練が待っていた。一九七一年の「ニクソン・ドクトリン」の発表を契機とする「ドル・ショック」と、一九七三年の第四次中東戦争の勃発《ぼっぱつ》を契機とする「オイル・ショック」を立てつづけに経験することになるのだ。「ドル・ショック」によって円を切り上げざるをえなくなり、「オイル・ショック」によって「狂乱物価」が引き起こされた。

その直後、高度成長論者だったはずの下村は一転してゼロ成長論者になった。これには多くの人が驚いた。日本経済は「成長軌道から押し出されて、ゼロ成長に軌道に移されてしまった」というのである。日本経済は、ゼロ成長を主張していた下村が、誰よりも力強く高度成長を主張していた下村が、誰よりも日本経済の成長に否定的になったのだ。それは劇的ともいえる変化だった。

その日、私は下村と最後のインタヴューを行なうため、芝の東京プリンスホテルの一室にある個人事務所で向かい合っていた。

インタヴューが一段落すると、話はやはり下村のゼロ成長論に向かっていくことになった。

下村がいった。

「私は何も変わっていません。日本の置かれている客観状況が変わっただけです」

私はいきなりゼロ成長を主張しはじめたわけではありません、と下村は続けた。私はすでに一九七〇年頃から「減速経済」をいうようになっていました。

それは確かだった。

一九七一年、雑誌「ミリオネア」の編集長の田中與造《よぞう》が、自分の雑誌に連載していた原稿を整理して『成長論争とその実証』という本を出した。そこに「序文」を求められた下村は、「経済大国日本の課題」という短文を寄せた。田中のその著作は、「高度成長理論の誕生から……今日まで……」という副題を持つとおり、下村や高橋亀吉ら高度成長派の「栄光」を証するために書かれたものだった。ところが、皮肉なことに、そこに寄せられた下村の「序文」は、「高度成長の終焉」を告げるものだったのだ。

《日本経済はいままでのような加速段階をすでに終え、今後しだいに経済成長率が鈍化するという〝減速軌道〟にはいったとみるのが自然である》

私が減速経済をいうようになったのは、ひとつには国民総生産が自由主義諸国の中でアメリカに次ぐ二番目の大きさになったことがあります、と下村はさらに続けた。

経済の成長は生産性の向上によって起きます。生産性の向上は技術革新によってもたらされます。つまり、経済の成長の速度は、技術革新の速度と深く関わっているのです。これまで、日本と欧米諸国とのあいだには大きな技術格差がありました。それを凄《すさま》じいスピードで取り込んだところに、日本の高度成長を生む最大の要因がありました。しかし、これからは、徐々に自前の技術革新によって経済を成長させなくてはならなくなります。そうしたことによって、日本の経済はこれから減速過程に入るだろう。つまり、十年後、十五年後には極めて微弱な成長状態に接近する方向に減速するだろうと考えたわけです。それは日本経済がこれまでの高度成長の時代とは異なる経済状態に入っていくことを意味します。でも、そのときはゼロ成長になるというところまでは考えていませんでした。もっとなだらかに減速していくだろうと思っていたのです。というのは、石油という重要な条件に大きな変化がないということを前提にしていたからです。しかし、石油危機以降、もう経済成長に必要な原油が必要なだけ適正な価格で手に入れられるということがいえなくなってしまいました。それは結局、高度成長はもちろん、いわゆる安定成長も不可能にさせることになります。もし長期的に微弱な成長しか期待できないとしたら、設備投資は更新のためのもの以外に向けられることはなくなります。そのことがさらにゼロ成長に近づけることになるのです……。

《われわれは、いま、長期的に、ゼロ成長の時代にはいることを覚悟しなければならなくなっている》

これは下村が一九七六年に刊行した『ゼロ成長　脱出の条件』に記した文章である。しかし、この本のタイトルには、出版社側の思惑が強く入り過ぎているきらいがある。そこで下村は、ゼロ成長からの「脱出」の処方箋《しょほうせん》など提出していないからである。もし処方箋が提出されているとすれば、どのようにゼロ成長を「生きるか」ということである。

その通りです、と下村はいった。

日本経済は高度成長からゼロ成長に押し出されてしまったのです。それに適応しなくてはならなくなってしまった。しかし、ゼロ成長だからといって悲観ばかりしている必要はありません。経済がゼロ成長に適応してしまえば、不況もなにもない静かな状態が生まれてくることになる。ところが、いまは高度成長に身構えていたものをゼロ成長に対応できるように変えなければならない。そこに混乱が起きる原因があるんです。ゼロ成長を生きるためには、これまで高度成長に備えていたものを切り捨てなくてはなりません。たとえば膨大にある設備投資関連の産業は整理されていくことになるでしょう。しかし、その代わりに、これまで設備投資に向けられていた資源と能力が解放されることになります。今度は、それを生かして、生活水準の充実や環境条件の整備に使うことができるようになります。もちろん、そこに至るまでには過渡的なプロセスがあるはずですから、それが苦しみとなって続くということになるのでしょうが……。

下村の話を聞いているうちに、ふと、ある文章の一節が脳裡《のうり》に浮かんできた。

それは、図書館で、中山伊知郎のエッセイが載った「日本の希望」という正月企画の文章群をコピーするため、一九五九年（昭和三十四年）一月の読売新聞の縮刷版に眼を通しているときのことだった。元日の正月特集の一頁目に、思いがけない文章を見つけたのだ。タイトルは「世界の静かな中心であれ」、筆者は三島由紀夫だった。

私は三島由紀夫の作品はほとんど読んでいるつもりだったが、その文章は初めて眼にするものだった。ちなみに、三島由紀夫の小説と戯曲以外の文章を集成した『三島由紀夫評論全集』を調べてみても収録されていない。あるいは、それが極めて短い文章だったせいかもしれない。しかし、私には新鮮だった。

《何だかだと言いながら、すでに十四年目の平和の春を迎える。平和も十四年となると、そんなにオボコの平和ではなく、かなりスレッカラシの平和である。蜜月の平和ではなく、かなり風雪に耐えた平和である。それだけに手放しで甘いことも言っていられないが、土性骨《どしょっぽね》も坐って来たことも否めない》

そう書き出された文章は、次のように展開される。

《富士山も、空から火口を直下に眺めれば、そんなに秀麗と云うわけには行かない。しかし現実というものは、いろんな面を持っている。火口を眺め下ろした富士の像は、現実暴露かもしれないが、麓《ふもと》から仰いだ秀麗な富士の姿も、あくまで現実の一面であり一部である》

ここで、富士山を上空から眺めた光景と麓から仰ぎ見た風景の比較が出てくるのはかなり唐突な印象がある。しかし、その文章の上に富士山を空撮した写真が載っているところからすると、この写真を見て文章を書いてくれないかという依頼のされ方をしたのかもしれない。

《今年こそは政治も経済も、文化も、本当のバランス、それこそスレッカラシの大人のバランスに達してほしいと思うのは私一人ではあるまい。小さいバランスではなく、楽天主義と悲観主義、理想と実行、夢と一歩一歩の努力、こういう対蹠《たいしょ》的なものを、両足にどっしりと踏まえたバランス、それこそが本当の現実的な政治、現実的な経済、現実的な文化というものであると思う》

そして、三島由紀夫のその文章は、日本もようやく不必要なものに関心を向けられるようになってきたことを喜ぶべきだが、本当に必要なことについて議論されないのはアンバランスに過ぎるかもしれないとしたあとで、次のような一節で終るのだ。

《古代ギリシア人は、小さな国に住み、バランスある思考を持ち、真の現実主義をわがものにしていた。われわれは厖大《ぼうだい》な大国よりも、発狂しやすくない素質を持っていることを、感謝しなければならない。世界の静かな中心であれ》

この中の「厖大な大国」とは超大国アメリカとソ連を指していることは明らかだが、これが書かれてからの十八年という歳月によって多くのことが変化した。日本は「大国」のひとつになりかかっており、もしかしたら「発狂しやすくない素質」を失いつつあるのかもしれない。なにより、このときの三島由紀夫には、その十一年後に市ヶ谷の陸上自衛隊駐屯地に乗り込み、本館のバルコニーで決起を促す演説をし、自衛隊員に罵声《ばせい》を浴びせられた後で自刃《じじん》するという彼自身の未来は見えていない。

しかし、私には、この文章の最後の最後に記された「世界の静かな中心であれ」という一行が深く心に染み入ってきた。三島由紀夫は、日本という国に対して、世界の中心たれ、という。しかし、同時に、それは静かな中心でなくてはならない、という。

そのような姿は、日本があるていどの豊かさを手に入れてからこそ可能になることだったろう。これが発表された一九五九年の時点で、どれほどの共感が得られたかわからない。だが、「世界の静かな中心であれ」という一文には、未来の日本に向けての、長い射程を持つ祈りのようなものが感じられたのだ。静かさの中に、激しさを秘めた祈りが。

同じ新聞の正月用の「企画」として掲載された二つの短文。ひとつは極めて具体的な

「賃金二倍を提唱」というものであり、もうひとつはより精神的な「世界の静かな中心であれ」というものだった。

まず「賃金二倍を提唱」が経済の高度成長の時代を導き、日本版の「豊かな社会」を生み出した。それが予測以上のスピードで達成されたいま、日本は、もうひとつの「世界の静かな中心であれ」という文章が指し示していた射程の中に、ようやく入ってきたのかもしれない。

私が、下村のゼロ成長論を聞きながら三島のこの文章を思い出したのは、たぶんその二つのどこかに共振するところがあったからなのだろう……。

3

私は、また池田時代に立ち戻って、下村に訊《たず》ねた。

かつて下村のもとで実戦部隊として働いていた大蔵省調査課の東《ひがし》淳が、所得倍増計画が策定される前後の時期について、世の中を動かしているという実感が持てたすばらしい時代だと回想していた。下村はその時代をどのように思っているのだろうか。私が訊ねると、下村は意外なほど率直に答えてくれた。

「池田さんが退任されるまでの日々はやはりとてもいい時代だったと思います。さまざまなことがうまくいっているなと思えましたし、さらに新しい展開もできるという希望もありました」

「それは日本という国の経済が、ですか、それとも下村さんという個人が、ですか」

「どちらも、です」

私は訊ねた。田村敏雄という人物をどのように理解しているのか、と。

「田村さんは池田さんを理想の総理大臣、宰相にしたかったのだと思います。その田村さんにあったのは、まず豊かになって国民の自信の回復を図ろうということでした。そして、さらに、そこから国民の精神的な向上を目指そうとしていたのだと思います。それが、『人づくり』ということになったのでしょうが、それを実現できないうちに、まず田村さんが、そしてそのあとすぐに池田さんが亡くなられてしまった」

確かに、田村が激しく希求したのは、国を豊かにするという一事だった。そこに下村治の「いま日本経済は勃興期にある」という激しいメッセージを含んだ「高度成長論」が姿を現わした。やがて、その二人の激しさに、池田の奥底に潜む激しさが感応し、ひとつとなることで「所得倍増」は生まれた。

だが、もしかしたら、池田勇人が「高度成長論」の理解者となったということは、ほとんど奇跡的だったのかもしれない。佐藤栄作や福田赳夫といった元官僚の政治家たちが、「安定成長論」というものに拠《よ》って「高度成長論」に敵対したことはよく知られている。その「安定成長論」がいかに曖昧模糊《あいまいもこ》としたものであったかは、経済学者の口から、「アンティ成長論」とは「アンティ・成長論」、すなわち単なる「反成長論」にすぎなかったのではないか、といった語呂《ごろ》合わせじみたジョークが飛び出すくらいのものだということでもわかる。しかし、「高度成長論」に対する警戒心は、池田と敵対する派閥の政治家だけのものではなかった。池田派内にも、いや池田内閣の政治ブレーンの中にも、実は「高度成長論」の共鳴者はほとんど存在していなかったのだ。

藤山愛一郎は、選挙用のスローガンとして池田が「所得倍増」を掲げるのを見て、確かに「うまいことをいうものだ」とは思った。しかし、それは一時的な戦術として評価したにすぎなかった。選挙が終れば、それを引っ込めるのだろうと思っていたところ、いつまでも口に出しつづけるので意外に感じたという。

ある夜、藤山は前尾繁三郎と会食をする。

「所得倍増はもうよしたらいいですよ」

藤山がいうと、前尾もこう応じたという。

「ぼくも選挙までと思っていたが、池田さんはなかなかきかない」

この前尾の言葉は、藤山の手前なので取り繕《つくろ》ったというのではなく、本心からのものだったと思われる。そして、「所得倍増」に対するそうした感覚は前尾だけのものではなかった。大平も宮沢も黒金も、基本的には「高度成長論」には否定的だった。事実、池田が死ぬと、前尾が継承した宏池会は高度成長論者を敬して遠ざけはじめる。

彼らはやはり「官僚」だった。「高度成長論」の持っている「激しさ」は、「官僚」の「安定」を第一とする本性にとって、どうしても受け入れがたいものだったのだ。

池田勇人の死によって政治イデオロギーとしての「高度成長論」は死に絶える。実態としての高度成長はなお続行するが、それはいわゆる「安定成長論」の信奉者による、イデオロギーなしの、つまり無定見な高度成長だった。

私は訊ねた。田村の夢が理想の宰相を生み出すことだったとすれば、下村の夢は何だったのか、と。すると、下村は、しばらく考えてから口を開いた。

「私が大蔵省に入ったということについては、佐賀で生まれ育ったということが大きかったかもしれません。たとえば、尽忠報国《じんちゅうほうこく》という言葉があります。これは戦前の日本においては、どこにもあった考え方だとは思いますが、やはり佐賀にはこの気風が強かったような気がします。大正デモクラシーの時代を経て、いくらか薄まってはいましたが、私の内部にも尽忠報国、身を犠牲にして国に尽くす、国に尽くしたいという思いが強くありました。金儲《かねもう》けをするセンスはまったく欠いていると思っていましたが、公に尽くすという感覚は強くありました」

国に尽くす、という感覚は池田や田村だけでなく、下村にも強く存在するものだったのだ。

しかし、そのために選んだ大蔵省の役人になるという道は、彼らをそこにおける「敗者」とすることになった。にもかかわらず、国に尽くすという思いを持ちつづけ、結果的に国に尽くすことになった。いや、国に尽くすことができたのは、「敗者」だったにもかかわらずなのだろうか、それとも「敗者」だったからこそなのだろうか。

私は下村に、三人に共通する「敗者性」について述べ、それでもなお国に尽くすという意識を持ちつづけられたのはなぜだったのかと訊ねた。すると、下村は「ルーザーですか……」と小さく呟き、私の問いには直接答えることなくいった。

「確かに、私たちには、そういう何か因縁《いんねん》めいたことがあったのかもしれませんね……」

そして、少し遠い眼をした。

私はこれでインタヴューも終りだなと判断し、切り上げようとして、ひとつ訊ね残したことがあるのを思い出した。前回のインタヴューで何げなく聞き流していたことが、家に帰って録音したテープを聞き直して気になりはじめたのだ。

それは下村が終戦の日の行動についてこう語った部分である。

「私もこの戦争には素直に勝ってほしいと願っていました。戦争末期は休職して山形に疎開していたのですが、さあ働こうと山形から東京に向かい、東京駅に着いた日が八月十五日でした」

そのときは、疎開先から東京に戻ってきた日がまさに終戦の日だったという事実の面白さに気持を奪われ、つい訊ねるのを忘れてしまったが、当時の下村はまだ体が完全には回復していなかったはずだった。その下村がなぜ空襲に遭《あ》う危険のある東京に急いだのか。

そこで、あらためて訊ねると、下村はこう答えた。

「死ぬなら、職場で死にたいと思ったんです」

この言葉を聞いて、下村を知る人で驚かない人は少ないだろう。あの、いつも怜悧《れいり》な態度で、冷静な物言いしかしない下村が、このようにパセティックな思いを抱いていたとは、と。

「死ぬなら、ですか」

私が繰り返すと、下村は少し照れたように小さく含み笑いをしながらいった。

「ええ」

私はあらためて下村の内部にある「激しさ」を確認できたように思えた。「高度成長論」と同じく、「ゼロ成長論」も内に激しさを秘めたものだった。下村の「高度成長論」が日本の勃興期を声高らかに宣言するものだったとしたら、下村の「ゼロ成長論」は日本という国が成熟へと向かうべき時期の来たことを危機感を持って主張するものだった。

下村の「ゼロ」はその内部に激しさを秘めた数字だった。あたかも、三島由紀夫が「静かな中心」と書くときの、その「静かさ」が内に激しさを秘めたものであったように。

すべてが終った。私は膝《ひざ》の上に置いたノートを閉じ、テープレコーダーとともにバッグにしまった。

下村治はそれを黙って見ている。

静かだ。何ひとつ物音が聞こえない。静かなホテルの、静かな一角にある静かな部屋。その静かさの中で、不意に二つの言葉がひとつになった。

もし、これから先、日本がゼロ成長を生きなければならないとすれば、それは世界の静かな中心になるためなのではあるまいか、と。

あとがきI

一九七七年、私は「文藝春秋」にこの『危機の宰相《さいしょう》』の原型となる原稿を書いた。たぶん、その前年に、一九三六年に開催されたベルリン・オリンピックを「ナチス・オリンピック」として書いたことが大きかったのだろうと思う。さらに本格的に、ひとつの歴史的出来事の全体を描いてみたいという思いが強くなってきた。そのとき、私の中でしだいに大きくなってきたのが一九六〇年の「所得倍増」である。厳密に言えば、まず下村治という存在への関心があり、そこから出発して「所得倍増」に辿《たど》り着いたということになるだろうか。

残っている手帖によれば、私が最後に下村氏にインタヴューしたのは、一九七七年四月五日である。掲載されたのは六月十日発売の七月号だから、最首的な締め切りは五月二十日前後だったと思われる。計算してみると、ほとんど一カ月半で書き上げていたのだ。その一気呵成《かせい》の勢いを引き出してくれたのは、池田勇人、田村敏雄、下村治という三人の運命の不思議な絡み合いに対する、尽きない興味だった。

そして、これを取材し、書き進めていくプロセスで、構想はますます広がっていった。所得倍増計画が成った一九六〇年が特別の年のように思えてきたのだ。私には以前から夭折者《ようせつ》としての山口二矢《おとや》に対する関心があったが、その山口二矢が浅沼稲次郎《あさぬまいねじろう》を刺殺したのも一九六〇年だった。それだけではない。幼いながらに六〇年安保の時代の全学連にはあるシンパシーを抱いていたし、その構成メンバーのその後の運命にも惹《ひ》かれるものがあった。とりわけ、『ゆがんだ青春』というラジオの構成番組によって右翼との関係を暴露されてからの元委員長唐牛《かろうじ》健太郎の「生」の軌跡には、強く惹かれるものがあった。ある意味で、そのラジオ番組は、六〇年代の学生運動を四分五裂させる原因のひとつともなるほどの影響力を持った。その番組の作り手の側、つまりメディアの側の論理と、唐牛健太郎の状況を絡めながら描けば、単に学生運動だけでなくメディアについても描けるかもしれない。

そうだ、この三つの物語を「1960」という三部作に仕立て上げてみよう。体制の側の提出した夢と現実としての「所得倍増」の物語。右翼と左翼の交錯する瞬間としての「テロル」の物語。学生運動とメディアの絡み合いが生み出した「ゆがんだ青春」の物語。

タイトルは、こうだ。

『危機の宰相』

『テロルの決算』

『未完の六月』


これを「1960」という総テーマによって束ねるとすれば、それは次の十年の「1970」に結びつくことになるだろう。つまり、「所得倍増」と対応するものとして田中角栄の「日本列島改造論」があり、「山口二矢」に対応するものとして「三島由紀夫」が存在し、「全学連」と対応するものとして「連合赤軍」がある。

そうだ、そうしよう……。私は興奮しながら『危機の宰相』の取材を続けていった。

書き上げられた『危機の宰相』は「文藝春秋」に一挙掲載された。枚数はほぼ二百五十枚に達していたが、さすがに長すぎるため五十枚ほど削った。

そして、それは、サブタイトルに「池田政治と福田政治」という余計なものをつけられ、いわゆるリードに次のような文章を載せられることになった。

《「六〇年安保」という戦後最大の保守の〈危機〉を〈所得倍増〉で池田は乗り切ったが、いまふたたび保守単独政権の崩壊という安保以来の〈危機〉に直面し、「経済の福田」はいかなる方策で〈危機〉を乗り切るのか。二人の宰相の対比において、高度成長

の〈黄金時代〉の意味を問う異色作！》

私が書いたものの中にはほとんど「福田政治」について語られた部分がない。まさに羊頭狗肉《ようとうくにく》といったところだが、いまどうして池田勇人なのか、なぜ所得倍増を取り上げるのかという、ジャーナリズムの世界でよく使われる「提案理由」としてつけられたことは理解していた。あまり嬉しくはなかったが、文句を言うほどのことではないというくらいの「分別」はあった。

発表してしばらくすると、意外な反応があった。日本経済新聞の経済論壇時評で、名古屋大学教授の飯田経夫氏が長文の批評を書いてくれたのだ。しかも、そこには、「過褒《かほう》」といってもよいほどの評言が含まれていた。

沢木耕太郎というルポライターの存在を私が初めて知ったのは、『敗れざる者たち』という魅力ある書物によってであった。それは、「敗れざる者」というタイトルとは逆に、悲劇のスポーツ選手たちの評伝集であり、たとえば、巨人の長嶋茂雄とほぼ同時代に活躍し、彼と遜色《そんしょく》ない生涯打率を残しながら、いまや完全に忘れられたオリオンズの榎本喜八の姿など、まさに鬼気迫るものがある。彼は、バッティングの完成を追求する過程でしだいに精神のバランスを崩し、引退して何年もたつ現在でも、いつの日にかカムバックすることを信じて、日夜孤独のトレーニングに没頭しているのである。

　昭和二十二年生まれ、まだ三十歳そこそこの沢木氏は、このたび「危機の宰相——池田政治と福田政治」（「文藝春秋」七月号）を書くことによって、いっそうの飛躍を遂げたように思われる。このみずみずしい文章は、「三木武夫は無論のこと福田赳夫に到るまで」「池田以後のどの保守政治家も『所得倍増』を超える現実的で力強い政治経済上の言葉を発見することができ」ていないという見方に立って、池田時代を回顧したドキュメントである。

　池田時代のスタートは「六〇年安保」の直後であり、反安保ないし「革新」にとっては絶好のチャンスであった。その当時「小学生にすぎなかった」沢木氏は、「のちに『安保闘争史』といった書物を読むたびに、なぜかくも急速に『安保』後の政治状況が保守の側に有利な流れになってしまったのか、どうしてもわからなかったが、いまでは、「革新」には「日本」という国の未来に対する現実的な構想力に欠けていたのに対して、保守には、あるいは「少なくとも、池田とその周辺には」、確実にそれがあったということが、よく理解できるという。

　「池田とその周辺」の人びととしてクローズアップされるのは、池田自身の外、エコノミスト・下村治と宏池《こうち》会《かい》事務局長・田村敏雄とである。三人が三人とも、大蔵官僚として不遇な道をたどったこと、それぞれ「業病と闘い、捕虜生活に苦しみ、死病に苦しんだ」ことに注目すると、「三人は確かに『敗者』であった」。かくて、「三人が共有することになる、日本経済への底抜けのオプティミズムは、三人が共に一度は自分自身の死を間近に見たことがあるということを考える時、ある種の『凄味《すごみ》』すら感じさせられる」。中でもとくに、黒子《くろこ》にすぎず、世間的にはほとんど無名な田村敏雄の人間像がもっとも「凄味」があり、榎本喜八に通じる鬼気がある。この鬼気と対置するとき、「当時の経済論壇」は、ただ「『永遠の正論』の側に身を寄せて現実を批判」していただけであり、「批判者たちの立論の変遷を辿《たど》っていくと、この国の『口舌《くぜつ》の徒』に対する絶望感が襲ってくる」という沢木氏の指摘には、それこそ凄味がある。

私はこの『危機の宰相』を、どこかで、スポーツを描くのと同じようなつもりで書いていた。だから、経済学者のこうした評価をまったく期待していなかった。飯田氏とは面識はなかったが、いくつかの著作や論文によって、経済学者として他の人にはないバランス感覚があることは知っていた。それだけに、飯田氏のその懇切《こんせつ》な批評は嬉しかった。

本来なら、すぐにも単行本化すべきだったかもしれない。しかし、そのときの私には、眼の前に『テロルの決算』の全体がぼんやりとだが見えかかっていた。すでに書いてしまったものを整理するより、未知のものにぶつかっていくことの方がはるかにスリリングだった。

それに、『危機の宰相』を書き終えて、ある種の不満を覚えていたということもある。それを『テロルの決算』で早く解消したいと望んだのだ。

不満のひとつは長さだった。『危機の宰相』はこれまでにない長さのものだったが、私にはもっと長いもの、本格的な長編を書きたいという思いが強くなっていた。

もうひとつの不満は方法論に関するものだった。

この少し前から、アメリカのニュージャーナリズムについての情報が断片的に入ってくるようになっていた。

ニュージャーナリズムとは何かということについてはさまざまな定義の仕方がある。しかし、定義の違いは、「書き手の意識」と「表現の仕方」のどちらに比重をかけるかによって生じる差だと言ってよい。私は、ニュージャーナリズムを、表現においてある徹底性を持った方法によって描かれたノンフィクションである、という受け取り方をした。中でも、徹底した三人称によって「シーン」を獲得するという方法論に強く反応した。「シーン」こそがノンフィクションに生命力を与えるものではないか、と。

しかし、『危機の宰相』では、一人称と三人称が混在しており、「シーン」の獲得という点においても不満が残った。なんとかして、完璧な三人称で書くことはできないか。

そこから『テロルの決算』は出発し、方法論的にはあるていど満足できるものができた。そのため、こちらを先に単行本化したいと思うようになり、私の長編第一作は『危機の宰相』ではなく、『テロルの決算』ということになった。

もちろん、『テロルの決算』を完成させたあとで、すぐにも『危機の宰相』の単行本化に取り掛かるつもりではいた。ところが、ボクサーのカシアス内藤と再会し、そのカムバックに深く関わることになってしまったため、しだいに『危機の宰相』は遠ざかりはじめた。そして、その結果、『テロルの決算』の次の長編は『一瞬の夏』ということになってしまったのだ。

やがて、次から次へと興味深い現実が眼の前に現れ、それに惹かれて反応していくことでますます『危機の宰相』は遠くなっていってしまった。それはまた、「書くこと」より「生きること」を優先したための結果でもあったが、単行本化に取り掛かれなかった理由はもうひとつある。

私が『危機の宰相』を書いたモチーフのひとつは、『テロルの決算』における山口二矢に対するのと同じように、下村治に対する「義侠心」のようなものからだった。しかし、私が『危機の宰相』を書いて以後、「体制」の側の人物を肯定する作品がよく見られるようになった。とりわけ、池田と下村と田村という三人の関わりについても、いかにも自分が発見したというような筆致で書かれたような著作が現れるに至り、わざわざ私が本を出すまでもあるまいという気分になってきた。

それでも、何度かは思い返して完成させようとした。

一度は、ある席で飯田経夫氏に初めてお会いした折に、こう言われたときだった。

「どうして『危機の宰相』を本にしないんですか。学者や評論家たちが、あなたのアイデアを平然と盗用していますよ」

そのとき、よしきちんと整理して本にしようと思った。カットした部分を元に復《もど》し、欠けているところを埋め、全体のバランスを取る。しかし、始めてみると、それは簡単なようでいて極めて面倒な作業だった。それもあって、途中で挫折してしまった。

もう一度のチャンスは、一九八九年に下村治氏が亡くなったときに訪れた。やがてその二年後に刊行されることになる、『下村治』という追悼集に何か文章を書いてくれないかと依頼されたのだ。依頼状には下村氏の長男である恭民《やすたみ》氏の添え書きがあり、こう記されていた。父は『危機の宰相』が単行本化されるのを待っていました、と。

私は、その追悼集に執筆する代わりに、『危機の宰相』を完成させるべく整理を再開した。しかし、そういうときに限って、新しく惹かれるものが眼の前に現れてしまうのだ。私はどうしても我慢できずに机を離れ、その現実の中に飛び込んでいってしまった。

この時点で、私は『危機の宰相』を完成させることをほとんど諦《あきら》めるようになっていた。

ところが、二〇〇二年に「沢木耕太郎ノンフィクション」を刊行するに際して、そのラインナップを考えているうちに、今度こそという気になった。今度こそ絶対にやり遂げよう。おそらく、この機会を逃がせば永遠に『危機の宰相』を完成させることはできないだろう。

実際にすべての作業が終わるまで不安がなくはなかった。今度もまた失敗に終わるのではないかだろうかと。しかし、不思議なことに、あの当時の「一気呵成」の力が甦《よみがえ》りでもしたかのようなスピードで、ついに完成に持ち込むことができた。

私には、何年、何十年と抱え込んで、ようやく刊行にこぎつけたという作品が少なくない。しかし、そんな私にもこれほど時間のかかったものはなかった。「文藝春秋」に発表したものを第一稿とすれば、それから「沢木耕太郎ノンフィクション」版の決定稿を書き上げるまでに二十七年が過ぎたことになる。さすがの私も茫然《ぼうぜん》としてしまいそうになる。

ところで、「1960」三部作のうち、もうひとつの『未完の六月』はどうなったのか。その決定稿ができあがる直前、ある座談会に出席した。

本来、私は座談会というものをあまり好まない。対談と違い、それぞれの独白が交錯するだけで、議論が深まるなどということはほとんどないと思っているからだ。にもかかわらず、その座談会に出ることにしたのは、コーディネーターの役割を引き受けている方に「義理」があったからだ。

その座談会での話は多岐にわたった。私がミスキャストであることは間違いなかったが、だからといって黙ってばかりというのでもなかった。フィクションとノンフィクションという私が話しやすいテーマを振ってくれたということもあっただろうし、私の方にも可能なかぎり「つとめよう」という意識があったせいかもしれない。

そうした中で、終わりに近く、『未完の六月』に関して、自分でも思いがけないことを口走っていた。

私はこれまで、『未完の六月』については、そのタイトルも内容もほとんど公の場では話さないようにしてきた。いったん口に出してしまうと、書かないまま終わってしまいそうな気がしていたからだ。しかし、その座談会では、長い時間がかかった『危機の宰相』の整理が終わりつつあるということもあったのだろう、つい口に出してしまったのだ。

「『危機の宰相』を書いたとき、僕には彼らに対するいわば義侠心のようなものがあったわけですよ。こんな志を持った人たちが、このようにある意味で貶《おとし》められている、と。彼らに対する義侠心がその所得倍増の物語を書かせたんですね。山口二矢に対しても、単に赤尾敏に使嗾《しそう》されたおっちょこちょいの十七歳だ、と思われていることへの義侠心があったわけです。ひとりの少年が自分の意志で、その志で人を殺すということがあったって全然不思議ではない。その貶められた十七歳に対する義侠心から僕は書いたと言ってもいいんですね。書かなかったけれども唐牛さんに対してもある種、貶められた人としての唐牛健太郎に対する義侠心が書かせる可能性があったわけです」

そうしたことを私がつい口走ってしまったことについては、その座談会に西部邁《にしべすすむ》氏が参加していたことが大きかったと思う。

私は、西部氏の『ソシオ・エコノミクス』を読んだとき、そしてその本の扉裏に次の献辞が記されてあったのを見たとき、胸がしめつけられるように感じ、『未完の六月』をできるだけ早く書こうと思ったことがあったからだ。

《オホーツクの漁師　唐牛健太郎氏に》

西部氏は六〇年当時の全学連の中央執行委員であり、唐牛健太郎とはブント〈共産主義者同盟〉における「同志」でもあったのだ。

だが、そのときもまた、何かがあって、つまり「生きること」を優先させようと思える何かがあって、書けなかった。以来、『未完の六月』は『危機の宰相』と同じように遠いものとなっていた。

確かに遠いものとはなっていたが、その座談会に出席するまで、私はまだ、『未完の六月』を書くことがあるような気がしていた。ぼんやりとだが、いつの日にか、と。しかし、その座談会で「書かなかったけれども」と口に出してしまったとき、私は『未完の六月』がついに未完のまま終わるだろうことを心のどこかで受け入れているらしい自分に気がついたのだ。

一九七八年に『テロルの決算』を書き終えたとき、私には二つの方向があったように思える。ひとつは『危機の宰相』に戻り、それを完成させるという方向。もうひとつは、『一瞬の夏』を生きるという方向。

もし、私が『危機の宰相』を優先していたら、いまの私と質の違う書き手になっていたことだろう。さまざまなかたちで歴史を物語るという方向に行ったかもしれない。あるいは、仕事を仕事として書くという、まさにプロフェッショナルな書き手になっていったかもしれない。しかし、私は「書くこと」の前にまず「生きること」があるという書き手の道を選んだ。間違いなく『危機の宰相』は岐路だった。『一瞬の夏』の方に進むか、『危機の宰相』の側に向かうか。私は選ぶという意識もないままに『一瞬の夏』の方向を選んでいたのだ。

もちろん、だからといってそのことに悔いがあるわけではない。

二〇〇六年二月

沢木耕太郎

〈付記〉

ここに登場した人物の肩書や役職は、これが執筆された一九七七年当時のものである。また、これが執筆されたとき以降に新たにわかったことについては加筆していない。したがって、次に掲げる参考文献も、執筆時点で私が参照できたものに限られている。ただし、明らかな誤りと思われるものは訂正してある。

なお、三島由紀夫の「世界の静かな中心であれ」は、『美の襲撃』に「窓」と改題されて収録されていたが、最新版の『三島由紀夫全集』では原題に復して収録されている。

あとがきⅡ

単行本の『危機の宰相』が刊行されると、読者の方たちから何通も手紙をいただくことになった。

その中に、私の知らなかった新しい事実を教えてくださる貴重なものがあった。

それは、天疱瘡《てんぽうそう》という病気から生還した池田勇人が、大蔵省に復帰することになる「契機」に関するものだった。

教えてくださったのは松隈《まつくま》和雄氏という方だった。

その手紙によれば、松隈氏の父君である松隈秀雄が、その「契機」に深く関わっていたというのである。松隈氏によれば、父君からそのときの話を直接聞いたことがあり、文章にも書いていたことがあったのを思い出し、手を尽くして捜し出してくださったという。もし、よければその文章に目を通していただきたいとあり、手紙の末尾には、次のような配慮の行き届いた一文が添えられていた。

《なお、念のために申し添えますが、この手紙は決して先生の著作に苦情を申しているわけではありません。ノンフィクションの作家は事実を知っていてもそのまま文章にしない場合もあると聞いております。今回の件についても、もし先生がご存じでなければ、「知らないよりは知っている方が良い」と思ってしたためた次第で、他意がないことをご理解いただきたいと思います。意のあるところをお汲み取りいただければ幸いです》

そこに同封されていた父君の「改めて思う人間池田」という文章を読ませていただき、池田の大蔵省復帰のいきさつが一気に明瞭になった。

本来なら、本文に加筆すべきなのだが、「原型となった文章を書いた一九七七年以降にわかったことに関しては付け加えない」というのがこの本を刊行する際の基本方針であったため、新たにわかったことはこの「あとがき」で書き加えさせていただきたいと思う。

池田勇人の人生において、天疱瘡の発病と大蔵省の退職は人生の上での大事件だった。その池田にとって、天疱瘡の快癒とともに大蔵省に復職できたということはさらに重要な出来事だった。しかし、いったん退職した職員がどのような経緯で復職できたのかについてはさまざまな説があって曖昧なままだった。

この『危機の宰相』では、そのあたりのことを次のように書いている。

《大蔵省に復職したのは一九三四年（昭和九年）、池田はすでに三十四歳になっていた。

彼が大蔵省に戻ることができた経緯についてはいくつかの説がある。上京し、三越で買物をしようと店内に入ると、大蔵省の先輩と偶然に会った。いま何をしているのかという話になり、事情を説明すると、大蔵省に戻ってくるよう強く勧められた。あるいは、三越から大蔵省へ電話をかけると、主税局関税課長の谷口恒二が出てきて「死んだと思っていたのに生きていたのか。大蔵省に寄れよ」といった。結局、彼らの世話で復職できたという説もある。あるいは税務署の小使いでもいいから復職させてくれと頼みに行ったのだ、という人もいる》

確かに説はさまざまに存在した。しかし、それら多くの説の中に共通して出てくるのは、「三越」と「電話」と「大蔵省の寛容さ」の三つの要素だった。これら三つの要素が、話す人によってさまざまに組み合わされ、いくつもの伝説を生むことになっていたのだ。

しかし、松隈秀雄の文章を読むと、「三越」と「電話」と「大蔵省の寛容さ」がどのように絡み合って「池田の復職」に結びついたのかが正確にわかってくる。

のちに大蔵次官となる松隈秀雄は、大蔵省で池田の四年先輩に当たり、当時は課長補佐として主税局にいた。その松隈のところに、ある日、池田から電話がかかってきたのだという。

「いま、三越にいます。ふと、松隈さんのことを思い出しまして……」

松隈と池田との関わりは、池田が大蔵省に入ったときに始まっていた。池田が入省したとき、松隈はニューヨークの財務官事務所勤務を終えて帰国したばかりだった。同期はすでに税務署長として地方に転出していたが、松隈はポストの空きを待っているあいだ、本省で池田たち新人と同じような「見習い勤務」となった。さほど酒は強くないが、誘いを断るということをしなかった松隈は、すぐに酒好きの池田と呑み屋を徘徊する仲になる。さらに、二人の縁は続き、松隈が宇都宮の税務署長になると、二代あとの宇都宮署長に池田がなった。そのとき、東京税務監督局で関東を管轄するようになっていた松隈は頻繁に宇都宮を訪れることになる。行けば、池田と酒になり、遅くなれば「あなたも住んでいた家なんですから」という池田の言葉に甘えて泊まらせてもらうことになる。なぜなら、当時は税務署長の官舎というものがなく、民間の家を順送りで借りていたため、池田の家は松隈の家でもあったのだ。

池田に「ふと、松隈さんのことを思い出しまして」と電話をかけさせたものは、若い時代からのそうした濃密な付き合いの記憶だったと思われる。

当時の制度では「休職後二年で自然退職」ということになっていたが、松隈はとにかく大蔵省に来てみないかと勧めた。そして、大蔵省に姿を現した池田を、国税課長の石《いし》渡荘太郎《わたそうたろう》や関税課長の谷口などに引き合わせた。

松隈の記憶によれば、このとき池田は望月圭介の紹介で日立製作所に入るというようなことを言っていたという。だが、いろいろ話をしているうちに、石渡たちの口から「もし大蔵省に帰ってくる気があるなら」といった言葉が出てくるようになり、池田が「ぜひお願いします」と頭を下げ、新規採用というかたちで戻ることができたのだという。

そして、松隈秀雄は「改めて思う人間池田」という文章の最後にこう書いている。

《今ふり返って、三越からのあの電話が、天下を分けたかと思うと、人の世のアヤというものをしみじみ感じるのである》

まさに、その一本の電話が池田の人生を変え、もしかしたら日本の進路を変えることになったのかもしれないのだ。

沢木耕太郎

二〇〇八年八月

主要参考文献

『経済変動の乗数分析』下村治　東洋経済新報社
『経済成長実現のために』下村治　宏池会
『日本経済成長論』下村治　金融財政事情研究会
『日本経済は成長する』下村治　弘文堂
『私の日本経済論２』下村治・他　日本経済新聞社
『経済大国日本の選択』下村治　東洋経済新報社
『ゼロ成長　脱出の条件』下村治　東洋経済新報社
『日本経済の成長力「下村理論」とその批判』金融財政事情研究会編　金融財政事情研究会
『均衡財政』池田勇人　実業之日本社
『満洲国ノ理念ト実体』田村敏雄　満洲帝国教育会
『われら今何をなしつゝありや』田村敏雄　大日本法令出版
『満洲回想録』経友会設立十周年記念編纂　経友会
『所得倍増計画の解説』大来佐武郎　日本経済新聞社
『日本経済の将来』大来佐武郎　有紀書房
『都留重人著作集　第４巻』都留重人　講談社
『笠信太郎全集　第３巻』笠信太郎　朝日新聞社
『笠信太郎全集　第７巻』笠信太郎　朝日新聞社

『高橋経済理論形成の60年 上・下』 高橋亀吉 投資経済社
『自由化と日本経済』 吉村正晴 岩波書店
『成長論争とその実証』 田中與造 産業社
『現代日本の経済政策』 正村公宏 筑摩書房
『日本経済を見る眼』 小泉明・宮崎義一編 東洋経済新報社
『戦後日本経済』 中村隆英 筑摩書房
『現代日本経済史 上・下』 飯田経夫・小池和男・正村公宏・他 筑摩書房
『昭和経済史』 有沢広巳監修 日本経済新聞社
『現代日本経済の展開 経済企画庁30年史』 経済企画庁
『保守と革新の日本的構造』 伊東光晴 筑摩書房
『黎明期の日本農政とその没落』 池本喜三夫 東明社
『池田勇人その生と死』 伊藤昌哉 至誠堂
『随筆池田勇人』 林房雄 サンケイ新聞社
『人間 池田勇人』 土師二三生 講談社
『聞書 池田勇人』 塩口喜乙 朝日新聞社
『日本を決定した百年』 吉田茂 日本経済新聞社
『宰相吉田茂』 高坂正堯 中央公論社
『戦後の日本外交』 フランク・C・ラングドン（福田茂夫監訳） ミネルヴァ書房
『政治わが道』 藤山愛一郎 朝日新聞社

『わが浪人外交を語る』　矢次一夫　東洋経済新報社
『今だからいう』　赤城宗徳　文化総合出版
『実録　政界二十五年』　宮崎吉政　読売新聞社
『政治家のつれづれぐさ』　前尾繁三郎　誠文堂新光社
『私の履歴書』　前尾繁三郎・他　日本経済新聞社
『父・福田赳夫』　越智通雄　サンケイ新聞社
『福田赳夫論』　佐藤雄一編著　住宅新報社
『60年代アメリカ』　トッド・ギトリン（疋田三良・向井俊二訳）　彩流社
『香川鉄蔵』　香川鉄蔵先生追悼集刊行会
『市民の暦』　小田実・鶴見俊輔・吉川勇一編　朝日新聞社

解説　父が見た「危機の宰相」

下村恭民

「父は『危機の宰相』が本になるのを待っていました」

私が追悼集『下村治』への寄稿を沢木耕太郎氏に依頼する手紙にこう添え書きしたのは、この本の元になった二百枚ほどの原稿「危機の宰相―池田政治と福田政治」が月刊『文藝春秋』(一九七七年七月号)に掲載されてから十二年後のことだった。それから、さらに長い時間があり、曲折をへて単行本の『危機の宰相』が刊行された時、『文藝春秋』掲載から既に二十九年近くの歳月が経っていた。

「私には、何年、何十年と抱え込んで、ようやく刊行にこぎつけたという作品が少なくない。しかし、そんな私にもこれほど時間のかかったものはなかった」と沢木耕太郎氏がみずから述べているように(312ページ)、第一線で活躍する著者によるノンフィクションの作品が、これほどの長い間、単行本とならないのは非常に珍しいことであるが、再び世に出た時、〝幻の作品〟は新たなインパクトを持つことになる。

月刊『文藝春秋』に「危機の宰相―池田政治と福田政治」が掲載されたころ、高度経済成長は、その光の部分も影の部分も、人々にとってまだ現実の一部だった。「所得倍増計画」の最終年度から七年しか経っていなかったのである。「所得倍増計画」の記憶自体は新しかったが、どのようにして計画が生まれたかの過程については表面的な理解しかなかった。一九七一年に伊東光晴教授は「中山伊知郎さんが一つの火つけ役、政治家としてそれを受けたのが池田勇人さん、計画作成の直接の責任者が宮崎勇さん（経済企画庁）、それに池田ブレーンの下村治さんが出てくる」と解説したが（伊東光晴・長幸男『経済の思想』、筑摩書房）、これらの関係者の役割については非常にあいまいな説明しかなかった。

このような状況の中で登場した沢木耕太郎の「危機の宰相」は、池田勇人と下村治を結びつけた宏池会事務局長の田村敏雄の触媒機能、その田村敏雄と下村治の出会いを作った大蔵省の〝陰の賢人〟香川鉄蔵の役割、中山伊知郎の小さなエッセイが池田勇人によって大きな構想に変貌する過程などを明快に描きだし、「所得倍増計画」の生成過程の解明に大きく貢献した。また池田・田村・下村の三人が「共に一度は自分自身の死を間近に見たことがある」人生の「ルーザー」であったという共通点に注目し、三人の

「よき敗者」が日本経済の潜在力への強い信頼を共有して、「所得倍増」の実現に力を合わせたという構図を提示した。エコノミスト編集部の『証言・高度成長期の日本』(上・下)などのわずかな例外を除くと、高度成長や「所得倍増計画」を取り扱った当時の論議には、「花も嵐も踏み越えて」と口ずさみながら猛進する池田勇人や、「教祖的な予言者」下村治のパターン化されたイメージに頼る安易な傾向があったが、ここには事実の忠実な確認と新鮮な視点があった。

『文藝春秋』の「危機の宰相」を読んだ直後に、その説得力のある内容に衝撃を受けて、父、下村治に「危機の宰相」の印象を聞いてみた。経済予測などの論争の場とは全く異なり、日常生活の下村治はきわめて無口だったので、会話は非常に短かったが、コミュニケーションをとるのに多くの言葉は要らなかった。

「これは凄いね」

「ふむ……」(肯定的なシグナルである)

「よくこれだけ調べたね」

「若い人だったが……(よく勉強していた)」

いつも、こういう好意的な反応だったわけではない。少し後の時期になるが、経済論壇で華々しく活躍していた二人の経済学者が、それぞれの著書で、下村治の業績を新しい視点から好意的に評価したことがあった。二冊の本を見せて「どう？」と聞くと、黙って眼を通したあとで本をぽんと机の上に置き、ただポツリと呟いた。
「……余りよく分かっていないんじゃないかな」

雑誌の「危機の宰相」はすぐに単行本化されなかったため、次第に忘れられた形となったが、水面下では着実に影響を広げていた。それ以降に出された多くの著作に、沢木耕太郎の図式に沿った池田・田村・下村・（香川）の関係が登場し、雑誌の「危機の宰相」が紹介した具体的なエピソード、たとえば〝肺結核の再発によって横浜税関の閑職に異動した下村治と、大病から戻って主税局の課長となっていた池田勇人の間にかわされた会話〟が、繰り返し使われたのである。多くの場合に『文藝春秋』の「危機の宰相」は出典として記されなかったから、雑誌の「危機の宰相」は、だれでも自由にアクセスして自由に使える〝公共の資産〟になっていたといえるだろう。その雑誌原稿が三百枚近く加筆され、著者自身の選集である「沢木耕太郎ノンフィクション」の刊行に際して、『危機の宰相』として完成をみたのは、著者自身が「あとがきI」に書いているとおりである。完成版の『危機の宰相』は、まず「テロルの決算」とともに選集の7巻目である『1960』（二〇〇四年）に収められ、ついで二〇〇六年に単行本『危機の宰相』（魁星出版）として単独で出版された。

二〇〇六年の『危機の宰相』が見たのは、一九七七年の「危機の宰相」の時代と全く違った日本だった。高度成長が畸形《きけい》化してバブルが生まれ、それが破裂して「失われた十年」となり、「一億総中流」の安全の傘が格差社会の不安に変わる中で、高度成長の時代を見る日本の人々の目には、いつのまにか「四大公害」や「土建国家」のような負のイメージが薄れ、「所得倍増計画」は、かつて活力に溢れていた時代の日本の、記念碑となっていた。

『危機の宰相』の刊行にやや遅れてNHKが放送したテレビ番組「その時歴史が動いた 所得倍増の夢を追え」(二〇〇七年四月十一日)に対する反応が、こうした変化を鮮明に語っている。『危機の宰相』の読者に比べると、「その時歴史が動いた」の視聴者は日本経済に関する知識が少なく、下村治はいうまでもなく「所得倍増計画」も初耳という人々が多かった。それだけに衝撃は強く、放映後しばらくは「日本にこんな時代があったのか」「日本にもこんな人たちがいたのか」という声がインターネット上に交錯した。「その時歴史が動いた」に刺激されて『危機の宰相』を読み、改めて感動させられたという声も多かった。

いいかえれば、やや皮肉なことに、沢木耕太郎が雑誌の「危機の宰相」で発信したメッセージは、一九七〇年代の日本人よりも、21世紀の日本の『危機の宰相』の読者や

「その時歴史が動いた」の視聴者にとって素直に受け入れられた。〝二十九年間の眠り〟は思いがけない効果を生んだのである。

それでは、21世紀の日本人は『危機の宰相』のどの側面に惹きつけられたのだろうか。それは、かつてのように「所得倍増計画」の生成過程ではない。牧原出教授の『内閣政治と「大蔵省支配」』や、上久保敏教授の評伝『下村治』のような優れた研究成果が示すように、高度成長期の日本の政策決定プロセスや、「所得倍増計画」を生み出した背景に関するわれわれの理解は、〝二十九年間の眠り〟のあいだに格段に深まっている。多くの国民が「所得倍増計画」を巡るドラマに強く惹きつけられたのは、前述のネット上での発言が示唆するように、そこに一種の〝救い〟を、単行本の解説で御厨《みくりや》貴教授が的確に指摘したように、「今はもう失われてしまった」ダイナミックな「青春の時代」の再現を見たからだと考えるべきだろう。

『危機の宰相』の一つの重要なメッセージは、あの時代の活力が単なる情熱や使命感や若いエネルギーの産物ではなかったこと、「所得倍増計画」に関わった多くの政策当局者が、経済理論に対する知的な探究心を共有していたことである。後年、宮澤喜一が独特の口調で語ったように、（政治家たちも含めて）宏池会では「少し迂遠な話のような感じを私自身も持つけれども、あれだけ勉強して毎週集まった」ことが意味を持ったのだった（御厨貴・中村隆英編『聞き書　宮澤喜一回顧録』）。晩年の下村治も当時の政策当局者の〝経済学への情熱〟の重要性を示唆している。ケインズ理論の勉強会の仲間の一人だった大蔵省同期生の石原周夫《かねお》は、勉強がこうじて同僚と共にケインズの「一般理論」の日本で最初の翻訳の一つを行ったほどだったが、後に事務次官となったこの正統的な実務家への追悼文の中で、下村は石原の「明らかにケインズを通り、『一般理論』を通過した頭脳ならではの」「しっかりした現実的な問題意識」を評価している。宮澤や石原や下村を含む多くの政策当局者に共有されていた情熱や使命感やエネルギーと、〝ケインズを通り、「一般理論」を通過した頭脳〟の〝現実的な問題意識〟との結合が、歴史を作ったといえるだろう。

雑誌の「危機の宰相」と『危機の宰相』の間にかなりの加筆が行われたが、その中で恐らく最も重要なのは「終章　世界の静かな中心」だろう。池田勇人の「所得倍増の夢」にヒントを与えた中山伊知郎のエッセイが掲載された新聞の同じ正月特集では、三島由紀夫の小文が、日本に「世界の静かな中心であれ」と語りかけていた。下村治との最後のインタビューを終えた静けさの中で、沢木耕太郎は「日本がゼロ成長を生きなければならないとすれば、それは世界の静かな中心になるためなのではあるまいか」と問いかけている。バブルへの道を辿る一九七七年の荒々しい日本では、この問いかけに耳を傾ける人はきわめて少なかっただろう。しかし、不安に覆われた二〇〇六年の日本では、ここに豊かな日本の新しい針路を読み取る人も少なくなかった。〝二十九年間の眠り〟は無駄ではなかったのだ。

最晩年の下村治と、単行本にならない「危機の宰相」について話したことがある。「こういう時代だから（出版は）無理だろうね」という問いかけに、微かにうなずいていたが、それは絶望のシグナルではなかったと改めて思う。バブルに熱狂する日本のリーダーと、放置されたままの米国の赤字体質とに暗澹とした思いを抱きながら、いつも〝遠くを見つめて〟「必ず破綻する時がくる」と確信していた下村治の眼には、新しい役割を持って世に出ていく『危機の宰相』の姿が見えていたのかもしれない。

（法政大学人間環境学部教授）

単行本　二〇〇六年四月　魁星出版刊

文春文庫

危《き》機《き》の宰《さい》相《しょう》

定価はカバーに
表示してあります

2008年11月10日　第1刷

著　者　沢《さわ》木《き》耕《こう》太《た》郎《ろう》
発行者　村上和宏
発行所　株式会社 文藝春秋
東京都千代田区紀尾井町 3-23　〒102-8008
ＴＥＬ 03・3265・1211
文藝春秋ホームページ　http://www.bunshun.co.jp
文春ウェブ文庫　http://www.bunshunplaza.com
落丁、乱丁本は、お手数ですが小社製作部宛お送り下さい。送料小社負担でお取替致します。

印刷・凸版印刷　製本・加藤製本
Printed in Japan
ISBN978-4-16-720913-1